Pour Marie-Madeleine

Ces

RENCONTRES INOUBLIABLES

en signe de partage
et d'amitié

Mireille Dumas

Vannes, le 12 juin 2022

MIREILLE DUMAS

RENCONTRES INOUBLIABLES

Vie privée vie publique

le cherche midi

Vous pouvez consulter notre catalogue général
et l'annonce de nos prochaines parutions sur notre site :
www.cherche-midi.com

92, avenue de France
75013 Paris

Conception graphique : Justine Dupré
Mise en pages : Nord Compo
Dépôt légal : novembre 2021
ISBN 978-2-7491-6843-2

À toutes celles et ceux qui m'ont éclairée
et m'éclairent un peu plus chaque jour
à travers leur témoignage.

À Dominique avec qui j'ai conjugué vie privée
et vie professionnelle.

« Le seul véritable voyage, le seul bain de Jouvence, ce ne serait pas d'aller vers de nouveaux paysages, mais d'avoir d'autres yeux, de voir l'univers avec les yeux d'un autre, de cent autres, de voir les cent univers que chacun d'eux voit… »

Marcel Proust
À la recherche du temps perdu

AVANT-PROPOS

Rencontrer l'autre ou se rencontrer soi

Je n'ai jamais aimé la télévision miroir.
Ma démarche a toujours été de donner à voir
et à entendre nos différences dans ce tronc commun qu'est l'humanité.

Enfant puis adolescente, j'ai passé de longues heures assise sur les radiateurs en fonte à regarder la vie s'écouler derrière les vitres. C'est dans ce silence bercé par les bruissements de la maison que j'ai grandi. À l'écoute des frémissements, en attente des mots, dans l'espoir de mouvement.

Enfant, je rêvais de parcourir le monde, la vie était ailleurs, loin de cette cour d'école coincée entre l'église et le cimetière du village, avec pour seule perspective à travers la grille ce mur de ferme, en pierre. Elle était peut-être au ciel, avec ce père parti trop tôt que j'imaginais, du haut de mes trois ans et demi, caché dans la grande horloge du grenier pour un éternel colin-maillard. Il n'y avait pas de mot pour dire l'absence, le manque, l'incompréhension, le chagrin. Pas plus pour exprimer l'amour. Et pourtant, je n'ai jamais douté de celui que ma mère me portait.

Il y eut des mots, officiels ceux-là, un discours de circonstance pour un jeune du village mort en Algérie. Juste avant la fin de son service militaire, il avait sauté dans sa jeep sur une mine. Il y eut les larmes d'une mère, résignée et anéantie, les jappements d'un chien abandonné. Nous, les enfants de la commune, avions été réunis pour un dernier recueillement devant la tombe. Le silence. Le silence en réponse à l'effroi collectif.

Il y eut les mots secrets chuchotés en italien par mes grands-parents. Nous, les enfants d'Anna, l'institutrice, ne devions parler que le français.

Il y eut encore l'arrivée impromptue des gendarmes à l'école. La petite fille au regard absent au fond de la classe, emmenée loin de sa famille et surtout du père alcoolique qui abusait d'elle et avait été incarcéré. Il y eut les explications de ma mère devant le pupitre, et cette phrase qu'elle martèlera sa vie durant : « Votre corps vous appartient, de la naissance à la mort », englobant et devançant tous les combats futurs. Parce qu'elle nous enseignait l'instruction civique, le respect des autres dans toute leur diversité, elle nous donnait des repères, construisait à notre insu notre avenir.

Il y eut aussi, bien sûr, les rires et les émerveillements, le goût de la cerise anglaise, la couleur des bleuets et des coquelicots, l'insouciance qui ne laisse que les traces d'un bonheur perdu à jamais. Il y eut surtout l'imaginaire peuplé de lectures. Il y eut tellement de sensations et de sentiments non exprimés dans cette enfance infiniment longue.

Adolescente, il me fallait fuir à tout prix l'univers clos du pensionnat. J'espérais des rencontres enivrantes et lointaines, de grands et justes combats à travers le monde. Je signais des pétitions. La première contre le renvoi de l'internat d'une jeune homosexuelle fut une victoire sur Madame le censeur.

À 20 ans, étudiante, je rencontrai deux hommes remarquables, déterminants dans l'approche de mon futur métier. Le metteur en scène Peter Brook m'ouvrit au langage universel de la gestuelle et des sons, autrement dit au lâcher-prise des émotions, et m'offrit une expérience de théâtre unique en travaillant auprès d'enfants non-voyants et de malades mentaux : arriver à communiquer au-delà des mots et sortir de l'enfermement. Le journaliste et éditorialiste Pierre Viansson-Ponté me permit de publier dans *Le Monde* mon premier article, inspiré de ce voyage expérimental.

Aller à la rencontre des autres, de tous les autres, était une nécessité pour moi. Avec cette urgence d'embrasser non pas cent, mais mille vies, des milliers de vies et d'expériences. Car une seule vie, c'est beaucoup et trop peu à la fois.

Voilà ce qui m'a guidée, et ce qui m'a conduite vers vous. Certains parcourent le monde à la recherche des autres ou d'eux-mêmes. Mon voyage a été plus immobile, dans « la traversée des apparences ». J'ai eu envie de donner la parole et d'écouter d'abord ceux que l'on n'entend pas, ceux que l'on ne voit pas, les marginaux, les laissés-pour-compte de la société. Mais aussi de briser les tabous, vaincre les préjugés, mettre des mots sur les traumatismes. Analyser la société à travers ses marges et ses exclusions, changer le regard, tel était le sens de mes premiers documentaires et de mon émission *Bas les masques*, lancée en 1992.

Puis, avec *La Vie à l'endroit*, je me suis immergée dans la vie des Français, tous milieux confondus, racontant leurs joies, leurs colères, leurs espoirs, leurs désespoirs, leurs engagements.

Mais au-delà de la pression sociale et des combats, ce sont les luttes intérieures qui m'ont passionnée et me passionnent. Mettre en évidence les ressorts de la création et de la réussite, surtout quand le chemin est semé d'embûches, me semblait essentiel. Quelle force pousse à se dépasser, à vouloir être le premier, à ressentir le besoin d'être applaudi ? Comment l'art ou le sport viennent-ils parfois à la rescousse des traumatismes ? La résilience est un long processus. Avancer, triompher, chuter, se redresser, se réinventer… ou pas, autant de défis à relever, que nous soyons ou non sur le devant de la scène.

C'est ainsi que je réalisais, comme je continue à le faire, de grands portraits intimistes de personnalités, mêlant parcours personnel et artistique ou professionnel. Au milieu des années 1980, je lançais une série documentaire, *Le Passé retrouvé*, qui mettait en évidence la richesse de la mixité des cultures et des origines. J'emmenais sur les traces de leur enfance et/ou dans le pays de leurs racines Guy Bedos en

Algérie, Yannick Noah au Cameroun, Charles Aznavour en Arménie…

Des liens se sont noués, une confiance s'est instaurée, une amitié est née parfois.

À partir de l'an 2000 et jusqu'en 2011, avec l'émission *Vie privée vie publique*, je me suis attachée à redéfinir la frontière de plus en plus fragile entre le privé et le public, cet espace ténu où notre part de jardin secret peut être dévoilée à tout moment, *sans* notre consentement. Vie privée, vie publique, où commence l'une, où s'arrête l'autre ?

Des personnalités de tous horizons, artistes, écrivains, philosophes, sportifs, politiques, hommes d'affaires, magistrats… ont témoigné en débattant ou en me donnant un long entretien. Parfois plusieurs au fil des ans.

Ces « rencontres inoubliables » sont loin d'être exhaustives. Elles reflètent un choix aléatoire, des couleurs différentes qui s'entrechoquent ou s'harmonisent pour former un tableau impressionniste, une symphonie forcément inachevée.

Tous mes invités ont livré quelque chose d'eux-mêmes, une fragilité, une force, une vérité – la leur. Ce sont ces moments d'intimité si singulière et paradoxalement si universelle, comme dans la littérature et dans la musique, que je veux partager avec vous. Ce que Ludwig Van Beethoven a résumé d'une phrase : « Si tu veux être international, chante ton pays. »

Tous ont parlé des sentiments qui nous animent, de ce qui nous construit ou nous déconstruit dans l'enfance : le manque ou le trop-plein d'amour, l'absence du père ou de la mère, la quête d'affection et de reconnaissance. Car nous héritons avant tout d'une histoire familiale, de ses non-dits et de ses secrets. Ils ont aussi raconté sans tabou le couple, l'amour avec son lot de rêves et de désillusions, leurs engagements et leurs combats, leurs racines d'ici ou d'ailleurs, le racisme parfois. Avec eux, j'ai échangé sur le temps qui passe inexorablement, ses douloureuses embuscades, la perte de proches et la relation à la mort.

Ils ont dit leurs rêves accomplis ou leurs espoirs déçus, leurs bonheurs ou leurs blessures. À l'exemple du fil de notre vie.

Et si nous étions tout à la fois le mal aimé, l'amoureux fou, l'homme, la femme. Et si nous avions les mêmes rêves, les mêmes peurs. Et si nous étions cet enfant… Et si, et si…

Mireille Dumas

YANNICK NOAH

« J'avoue, j'en ai bavé »

Il est arrivé en retard à l'émission parce qu'il avait été bloqué par un petit groupe d'admirateurs qui l'avaient reconnu au volant de sa voiture. Il s'est arrêté, le temps de savourer ce moment « délicieux ». Yannick est comme ça, sincère, décontracté, spontané. Il ne boude pas son plaisir et ne joue pas les vedettes, lui qui, pourtant, remplit les salles de concert. Les gens lui disent des mots « sympas », l'encouragent chaleureusement et le tutoient : « C'est bien ce que tu fais », « Continue le combat », « Ne te laisse pas faire ! ». Depuis sa victoire éblouissante en trois sets sur le court de Roland-Garros en 1983 face au champion suédois Mats Wilander, sa popularité ne se dément pas. Il reste le chouchou des Français pour qui, en ce mois de mai 2008, il était toujours la personnalité préférée.

« Vous aimez être aimé ?

— Oui, je suis bouleversé par ces témoignages d'amitié. Je suis constamment dans un état de sensibilité extrême. »

Stature d'athlète, Yannick Noah dégage une réelle douceur, dans la voix, le regard, la manière d'être, un charme auquel les femmes ne sont pas insensibles. Elles le voient, du reste, comme le confident idéal, voire même comme l'amant idéal, selon un sondage flatteur qui le fait sourire, mais le laisse, dans le fond, relativement indifférent : « Est-ce que je dois réagir ? »

Quand je lui demande si on devient champion, puis vedette de la chanson, pour être aimé, il répond sans hésitation : « Oui. » Avant d'expliquer ce qui a pu le motiver pour atteindre le sommet. « Pour aller aussi loin chercher la reconnaissance, il faut, à un moment donné, avoir eu un manque quelque part, que ce soit conscient ou inconscient. Est-ce que ça vient de l'enfance ? Est-ce que ça vient de l'adolescence ? Est-ce que ça vient de ma trajectoire ? Dans mon cas, certainement un petit peu de tout ça. »

Tout semble réussir à cet artiste au sourire attendri, aussi doué sur terre battue que sur scène et qui depuis a conduit l'équipe de France de tennis à la victoire en Coupe Davis. Il aurait pu avoir la grosse tête, au contraire, il garde les pieds sur terre, bien conscient, toutefois, de l'intérêt qu'il suscite. « J'ai l'impression que par mon choix de vie, je suis, non pas dans l'œil du cyclone, mais en tout cas devant une loupe. Ça fait tellement longtemps que j'ai été jugé par le public que je prends ce qu'il y a à prendre. En fait, je prends ce qu'il y a de bien. »

Comment explique-t-il cette faveur persistante à son égard ?

« J'ai l'impression parfois que, pour certains, je représente la France d'en bas, malgré ma vie assez luxueuse. Parce que je prends position pour les plus démunis par des actions, beaucoup plus que par des mots.

— Le métissage compte aussi.

— Le métissage, forcément. Obligatoirement. Quand on voit un gamin des banlieues, c'est rare qu'il soit blond avec une Rolex. »

Il avait longuement évoqué le sujet lors de notre première rencontre pour un documentaire que je lui avais consacré en mai 1989 au Cameroun, le pays de ses racines, côté paternel. Sa mère Marie-Claire est Française, lui est né à Sedan, dans les Ardennes, en 1960, mais il a passé sa prime enfance à Etoudi, un quartier de Yaoundé où la famille s'installe, l'année de ses 3 ans. « Je me suis toujours senti différent des autres. Quand j'étais au Cameroun, on était les petits blancs avec mes sœurs. Et quand je suis arrivé en pension en France, j'étais le petit noir. Ça n'a jamais été une tension, un problème pour moi. Maman était blanche, papa était noir. Ça a toujours été une situation naturelle », confiait-il alors.

Moins évident pour lui fut de se retrouver à 12 ans, seul, dans l'avion qui l'emmène en France. Ses parents le regardent partir. À l'heure des « au revoir », bien mis, bien habillé, comme on peut l'apercevoir sur une photo, il est souriant, les yeux embués peut-être, le cœur serré. Malgré cette séparation, il n'a « pas douté de l'amour de ses parents ». Le déchirement était partagé.

Il quitte le Cameroun après avoir été repéré par le champion de tennis noir américain, Arthur Ashe, en tournée à Yaoundé avec des professionnels. Avant les matchs d'exhibition, ce dernier tape la balle avec les gosses du quartier.

Parmi eux, Yannick Noah qui, à 10 ans, joue déjà dans un club. Le futur vainqueur de Wimbledon, ayant trouvé qu'il avait un bon coup de raquette, entreprend de l'aider. Ce geste altruiste signe le début de sa carrière. « Je suis parti tôt, observe Yannick Noah. Je me suis fait cinq ans de pension à 12 ans, c'est jeune pour se retrouver brusquement seul, si loin, sans raison apparente ; à part que j'aimais bien le tennis. »

Du coup, il comprend que « l'amour », il lui faudra aller « le chercher ailleurs ». « Dans mon cas, je me suis dit : "La reconnaissance, c'est l'œil du public", précise-t-il. Je rêvais d'être champion de tennis. C'est un choix de passion. Sauf que, du jour au lendemain, je me suis retrouvé à six mille kilomètres, en France, et là… », petit balancement d'épaules de celui qui pèse ses mots : « *C'était dur.* Je me suis dit : "Pourquoi je suis là à bouffer de la merde ? Pourquoi je suis là tout d'un coup à me faire traiter de bamboula ? Pourquoi je suis là tout d'un coup à être le bizuth ?" Ça faisait partie des règles, il paraît. »

« Vous avez été victime de racisme ?

— Victime, non. Mais en phase de l'être… Oui, carrément. Ça m'a renforcé. J'ai mis ça de côté et puis je me disais : "Bamboula ? Eh bien, vous verrez bamboula un jour, on se retrouvera, je vais tous vous massacrer !" Ça, c'est la voix intérieure. Quand je suis sur le court, on voit la différence dans mon attitude. Pendant le match et après, je ne suis pas le même. Celui qui est sur le court, il va faire payer toutes ces heures d'entraînement, tous ces sacrifices. »

À l'évocation de cette métamorphose, son regard se durcit. Il a « la rage ». Je le lui fais remarquer : « C'est comme ça qu'on devient champion ?

— Il n'y a pas d'autre solution. Il faut avoir morflé un petit peu. Si on n'a pas morflé quelque part, une petite brisure, une grosse cassure à l'intérieur, on n'y arrive pas. C'est trop dur. »

Sa mère le rejoint quelques années après avec ses deux sœurs. Sur les courts, durant ses années d'apprentissage, il se dépense sans compter pour obtenir des résultats. Pour prouver à ses parents qu'ils ont eu raison d'avoir foi en lui ? Pour gagner de l'argent plus tard ? « Les deux », reconnaît-il tout à trac, sans négliger pour autant « l'aspect de la culture du jeune Africain qui vient faire ses classes en Europe ». « Tu le fais pour envoyer de l'argent à ta famille, poursuit-il. Tu as vraiment réussi quand tu peux offrir un toit aux tiens. Moi, j'ai pris une maison pour maman quand elle est revenue vivre en France, à Nice, avec mes deux sœurs. Mon père vivait plutôt à Yaoundé. On était au départ à quatre dans un petit studio, c'était minuscule. Mon premier cachet a été une chambre chacun. Voilà, brusquement, tout ça prend un sens, tout ça en vaut la peine. Tu te dis : "J'ai pu faire ça !" Je ne sais pas d'ailleurs qui était le plus heureux. C'était certainement moi, conclut-il.

— Faut-il y voir une sorte de revanche sociale ?

— Bien sûr ! Quand on est môme, c'est inconscient. La seule question est : "Comment je vais faire pour gagner un peu d'argent à envoyer à la maison ?" Et la seule réponse : "Il faut que je gagne des matchs."

— Vous avez dit qu'il fallait que vous accomplissiez de grands exploits pour mériter l'amour de vos parents.

— La barre était haute. Mes parents en ont chié, on peut le dire. Ils manquaient d'argent. Maman, une des premières blanches à arriver à Yaoundé, a dû sacrifier beaucoup. C'était vers la fin des années 1950. »

Par amour pour son mari Zacharie, dont la carrière de footballeur professionnel dans l'équipe de Sedan s'interrompt à la suite d'une grave blessure, Marie-Claire, institutrice et basketteuse amateure, accepte de quitter la France pour le Cameroun. Au début des années 1960, voir une blanche et un noir, enlacés, promener un enfant dans la poussette sur un chemin de brousse, c'était une image très rare. Yannick en convient et, dans un accès de tendresse filiale, en voyant la photo du couple projetée sur un écran dans le studio, il commente : « Ils sont beaux, c'est l'amour. Moi, on ne me voit pas (dans la poussette), mais je ne dois pas être mal non plus ! »

Il raconte alors : « Mon père a écrit à ses parents pour leur dire qu'il se mariait. Mais c'est quelque temps plus tard qu'il leur a dit que c'était avec une blanche. Ça n'a pas été facile. Et le plus beau sacrifice ensuite est d'avoir laissé leur gamin partir. Moi je n'aurais jamais pu faire ça. Je n'aurais pas pu me contenter de les voir quinze jours par an.

— Vous avez cinq enfants. Quel genre de père êtes-vous ?

— Je suis un père copain, mais un père. Il y a des règles quand même. Je me suis bagarré une fois avec Joachim [le basketteur]. Je lui ai mis une tarte, il était déjà grand, mais pas aussi grand qu'il est aujourd'hui. Maintenant, je discute, dit-il, d'un bon rire. J'essaie de les écouter. Et de leur donner la valeur de l'exemple, comme ma mère Marie-Claire me l'a inculquée. Zacharie me disait "Bosse" et elle ne disait rien, je la regardais faire tout simplement. »

Se comprendre, échanger, dire ce que l'on pense, Yannick Noah y revient. Il se souvient qu'à 20 ans, s'il éprouve le sentiment qu'il se doit d'être « le plus fort » pour toutes les raisons énoncées précédemment, c'est aussi parce que « Si tu perds, tu es un con. J'ai fait des matchs extraordinaires où j'ai malheureusement perdu. J'ai même eu des moments où j'étais physiquement blessé. Mais, dès lors qu'on est battu, on n'a pas le droit à la parole. C'est assez frustrant, admet-il. Dans le chant, au moins, on peut exprimer une faiblesse, j'adore ça.

— Et comment vous est venue l'idée de devenir chanteur ?

— Je ne sais pas si j'étais déterminé ou discipliné, je pense que j'étais juste fou amoureux de ce métier. J'en ai toujours rêvé. Même quand je jouais au tennis, je rêvais de ça. Un chanteur pour moi, c'était un être libre. Cette liberté, j'ai eu le sentiment pendant toute mon enfance, mon adolescence et ma carrière de l'avoir recherchée. Quand je voyais Jean-Louis Aubert s'exprimer, chanter, j'avais l'impression qu'il était heureux. Et ça, j'en avais envie. »

Yannick Noah a réussi sa reconversion. Tirée de l'album *Black & What*, une subtile allusion à l'appartenance ethnique, sa première chanson *Saga Africa* devient le tube de l'été 1991. Partout où il se produit, il fait salle comble. Rock star athlétique, il se donne à fond et ose tout. Comme de poser « à poil » sous la douche pour le grand photographe américain

Richard Avedon. Corps sculptural, il apparaît, à 48 ans, tel un Rodin en bronze. « Pour arriver à faire cette photo, il y a quand même du boulot, tempère-t-il. Il y a des pompes, il y a des abdos, il y a des footings. » Il y voit surtout un clin d'œil à ceux de sa génération sur le thème : « On n'va pas se laisser faire. » L'aparté déclenche nos rires. « Ça commence par le corps, développe-t-il, en relation avec l'esprit. Tu fais gaffe à toi, normalement tu es toujours en combat. » Et puis, cultiver la forme physique lui sert sur scène et dans les tournées pour « tenir le choc ».

Sa réussite ne l'a jamais éloigné du Cameroun où il aime se ressourcer deux fois par an. « Le Cameroun, dit-il, c'est ma sensibilité, ce sont mes larmes. L'Africain, c'est celui qui morfle là-dedans. C'est le moins bien loti. C'est celui qu'on renvoie à la frontière, c'est celui qui n'a pas ses papiers. Forcément, c'est celui-là qui est en moi, à l'intérieur, dans mes tripes. C'est celui-là qui a du mal. Et puis j'arrive dans ma maison au Cameroun, j'enlève mes pompes, il fait bon, j'entends des rires, j'ai immédiatement un sourire. Tous les gens qui souffrent, qui n'ont pas grand-chose, ont cette espèce de force supplémentaire qui fait qu'ils relativisent. Les Camerounais, en particulier, ont le sens de la fête, malgré la dureté de la vie. Donc, je retrouve la légèreté. »

Sur place, il reprend l'accent local, naturellement, il joue au foot sur terre battue avec les enfants du quartier d'Etoudi, pour certains pieds nus dans la poussière ocre de la fin d'après-midi. Il prend le temps de se rafraîchir et d'échanger à l'échoppe du coin au toit en tôle ondulée, baptisée *Le Renouveau, goût exquis*, installée entre un *Docteur de cheveux* et un *Savetier principal*, autrement dit un coiffeur et un cordonnier. Autant d'enseignes poétiques peintes à la main avec des dessins illustratifs que seule l'Afrique sait nous offrir. Ou bien, il se perd dans le labyrinthe des pistes écrasées par un soleil de feu pour se plonger dans l'eau fraîche de l'océan qui borde des kilomètres de sable blanc aux alentours de Kribi. Et je ne décris que quelques bribes de ce voyage unique pour moi, riche et authentique, sous l'œil de la caméra, maintes fois renouvelé pour sa part.

De là à s'installer un jour au Cameroun, c'est un pas qu'il ne compte pas franchir, bien qu'il soit viscéralement attaché à la terre de ses ancêtres paternels. Celle de son grand-père Simon Noah Bikié, tué en 1985, lors d'une tentative de coup d'État, pour avoir refusé de discuter avec des militaires incontrôlés qui lui ont finalement tiré dans le dos.

Yannick Noah affirme s'inscrire dans la continuité de son aïeul. Il lui a d'ailleurs dédié une chanson qui dit ceci : « Oui, je sais que tu vis en moi, Simon Papa Tara. » « Très souvent dans les situations de ma vie au quotidien, reprend l'artiste, je vais avoir un choix à faire, et là, j'ai l'impression d'entendre une voix qui me guide, et cette voix-là, c'est lui, c'est mon grand-père, Papa Tara pour la famille. Parce que papa – Zacharie – m'en parle très souvent. Il a à cœur de transmettre. Ça fait partie de la culture camerounaise et plus largement africaine. Je sais ce que mon grand-père m'aurait dit dans telle ou telle situation, à des moments clés. Et ça m'aide. » Il confesse, d'ailleurs, entrer en communion avec son grand-père lorsqu'il va se recueillir dans le mausolée à côté de la maison familiale où celui-ci est inhumé, à Yaoundé.

Ce retour aux sources a longtemps été l'occasion de revoir Maman Gon, sa grand-mère, que j'avais rencontrée lors de notre voyage au Cameroun et auprès de qui il redevenait volontiers petit garçon. Elle avait une façon de le serrer dans ses bras et lui de se pencher vers elle en l'enlaçant qu'on ne savait plus qui des deux protégeait l'autre dans cet amour si évident et lumineux. Je me souviens avoir envié ce lien, moi qui ai perdu mes grands-parents encore enfant. Aussi ai-je passé quelques heures seule avec elle, un après-midi, juste à tenter d'apprendre le plat qu'elle préparait dans des casseroles noircies et à rire, complices de ma maladresse et de notre impossibilité à communiquer avec les mots. Maman Gon ne parlait que l'ewondo, la langue la plus pratiquée dans cette partie du Cameroun.

À Yaoundé, Yannick retrouvait également tous les cousins et, bien entendu, son père Zacharie, « son pote ». Pour rien au monde ce dernier n'aurait quitté son pays, malgré l'éloignement géographique, douloureux pour lui, de ses enfants et petits-enfants qu'il aimait plus que tout. Ou alors juste pour des vacances, pour un événement familial, une compétition, un concert ou bien le temps d'un voyage éclair, comme il le fit lorsque je l'invitai à faire une surprise à son fils sur le plateau de *Vie privée vie publique*.

En le voyant arriver dans le studio, la moustache gauloise, le visage encadré de dreadlocks comme lui, Yannick se lève, ils tombent dans les bras l'un de l'autre. « Je m'attendais à tout sauf à ça. Je suis halluciné de te voir ici », balbutie le champion. « Qu'est-ce que tu fous là. Ils t'ont laissé entrer ? Tu as amené tes papiers j'espère », plaisante-t-il.

Après avoir évoqué le bonheur de se retrouver tous les deux ou avec « le clan » que forme la famille, au-delà du divorce du couple et de la distance des lieux de vie, père et fils posent le même mot pour parler des concerts de Yannick. Qu'il soit l'un sur la scène, l'autre dans le public, cette « communion » les transporte. Comme les grandes compétitions.

Ensemble, ils se remémorent une fois de plus l'exploit de Roland-Garros, l'instant de la balle de match victorieuse quand, sous les yeux de la mère criant sa joie dans les tribunes, le père et le fils s'étreignent sur le court central.

« Ce moment avec papa, quand on sera enterrés, restera toujours très fort, parce qu'au-delà du jeu, on est entrés dans le cœur des gens », souligne Yannick Noah. Même s'il temporise ses propos par le regret de ne pas avoir rejoint sa mère, emporté dans ce tourbillon.

Un exploit que le père, dont la carrière de footballeur fut stoppée nette dans sa lancée à 26 ans, n'avait pu réaliser. Nul doute que le triomphe de Yannick Noah puisse s'interpréter comme une forme de « revanche » sur le destin.

« Pour moi, dit le père, c'était irréel. » Sur le coup, il pense à la répercussion d'un tel événement au pays, « parce que Yannick, c'est notre petit du village qui gagne. Ça a été quelque chose de fantastique. Mais, ce qui me fait le plus plaisir, ajoute-t-il, c'est de savoir que Yannick est le Français le plus aimé des Français. Je suis fier qu'on aime mon fils, loin, si loin de mon pays ».

Ce soir-là, après l'enregistrement de l'émission, nous avons festoyé tard dans la nuit avec celui que j'appelle mon compagnon de route, de longue route maintenant, mon mari et réalisateur Dominique Colonna, heureux de nous retrouver tous les quatre avec le même entrain et la même évidence, comme vingt ans auparavant au Cameroun. L'amitié spontanée ne s'explique pas. La famille de Yannick y est pour beaucoup, qui accueille à bras ouverts et se soucie des autres. L'association Les Enfants de la terre, lancée avec Marie-Claire, en reste la meilleure preuve.

DANY BOON
« D'Armentières à Hollywood »

Rencontrer Dany Boon sans parler des Ch'tis, c'est tout simplement impossible depuis le triomphe de son film. Avec vingt millions d'entrées, *Bienvenue chez les Ch'tis* s'est hissé en tête du box-office français, détrônant *La Grande Vadrouille* de Gérard Oury avec Bourvil et Louis de Funès. « C'est un moment de carrière qu'on n'oublie pas », dit-il, six ans plus tard exactement, en février 2014, au moment de cet entretien. Et pourtant, la singularité du comédien n'a pas toujours été considérée comme un atout. « Quand je suis arrivé à Paris, on m'a dit : "Oublie... Oublie le Nord, oublie ton accent s'il te plaît, c'est ringard... Faut pas." » Il écarquille les yeux et s'exclame, tout sourire, sur le ton de l'évidence : « J'ai dit : "Mais, c'est moi !"

— Il vous est arrivé de ne pas vous faire comprendre ?

— Oui, bien sûr. Vous savez que moi je parle avec l'accent parce que j'ai grandi dans un milieu où on parlait *com'ch'ô* (comme ça), donc je parlais *com'ch'ô*. Moi, je croyais que tout le monde parlait *com'ch'ô*. Toute la France ! On se moquait de moi à l'école, parce que j'étais fils de prolo, parce que je parlais *com'ch'ô*, les fils de *pôvres.* » « *Volà !* » ajoute-t-il au lieu de « Voilà ! », pour bien montrer à quoi ressemble le patois ch'ti. « Quand on était fils d'un certain milieu social, on faisait des "aaaa", un peu comme çaaaaa. C'est drôle, parce qu'ensuite à l'école, je me suis intégré, je voulais être aimé. Donc, j'ai commencé à perdre l'accent, et j'ai parlé comme ça, et chez mes parents, je disais : "Maman, tu veux bien me passer le sel, s'il te plaît." Elle me rétorquait : "C'est quoi, c't'accent là ? Tu fais ton fier, ou quoi là ? Arrête de faire ton fier, qu'est-ce t'as ? T'as hont' de ta famille, c'est *ch'ô* ? Arrête de parler *com'ch'ô*, hein !" Ma mère m'engueulait, elle trouvait que j'avais un accent, ce qui est vrai pour elle.

— Pour votre mère, vous changiez de milieu, vous la snobiez ?

— Elle me trouvait snob, oui, voilà. Au lieu de dire : "Je vous appelle et je vous dis ce qu'il en est", on disait : "*J'vous appelle et j'vous dis quoè.*" Ben oui, *quoè.* »

Dany Boon a grandi dans les quartiers déshérités d'Armentières, près de Lille, avec ses deux frères cadets, à la fin des années 1960. Sa mère picarde est femme de ménage, son père kabyle, un ancien boxeur, était devenu camionneur.

« Qu'est-ce qui a été le plus dur dans votre enfance ?

— La pauvreté, le fait de vivre avec pas grand-chose. Il fallait des fringues d'occasion. Je n'avais jamais de vêtements neufs. J'avais des godasses, j'avais les orteils comme ça dans les godasses. » Il recroqueville les doigts des mains pour illustrer le propos. « Évidemment, il fallait faire des économies, sur la nourriture aussi, il fallait finir son assiette, ajoute-t-il. C'était un truc super important. Ma mère a gardé ce genre de réflexe, même moi avec mes enfants.

— La peur de manquer, vous avez connu ça ?

— Oui, oui. J'ai encore ce réflexe-là. Si je pars en tournée pour un film ou pour un spectacle, et que je suis à l'hôtel, au moment du petit déjeuner, je vais prendre le pain et les petits pots de confiture que je n'ai pas consommés, les mettre de côté pour qu'ils ne soient pas débarrassés avec le plateau, c'est bizarre. C'est devenu un toc. »

Pour Dany Boon, issu de l'école du mime et digne héritier de l'humoriste Raymond Devos, la vie, la scène, c'est un tout. Les souvenirs remontent. Il les évoque, les mime grâce à une plasticité rare du visage et du corps, un don qui, dès ses premiers spectacles, m'a époustouflée. Dans un one-man-show, il raconte comment, après l'accueil phénoménal de *Bienvenue chez les Ch'tis*, le jour de la sortie du film, il appelle sa « maman » pour partager sa joie. « On fait un énorme succès, c'est incroyable », exulte-t-il. Au bout du fil, elle écoute, silencieuse. L'un et l'autre sont émus, très émus. Quelques secondes s'écoulent, elle lui dit : « Achète pas une nouvelle voiture, hein ! *'Tention.* » « C'est vrai, observe-t-il. Ça s'est passé exactement comme ça. C'était sa façon à elle de me complimenter. » Les stigmates de la pauvreté perdurent.

Sa mère tient une place centrale dans sa vie, lui, l'aîné des trois frères. Quand il parle d'elle, un soupçon de gravité teinte la voix, qu'il dissipe aussitôt d'un grand rire ou d'une pointe de dérision, c'est selon.

« Quand j'étais gosse, poursuit l'humoriste, on partait en vacances… On allait jusqu'à Dunkerque en fait. Et on y restait juste la journée. Soit en août, soit en juillet. On arrivait là-bas, on se mettait sur la plage, quelle que soit la météo. Ma mère disait (il imite sa voix) : "Allez-vous baigner, allez dans l'eau ! Comme ça on n'est pas v'nus pour rien." Il fallait qu'on aille se baigner, c'était un petit peu frais. Après on mangeait des frites, des fricadelles – il y avait la baraque à frites –, on faisait un peu de cuistax, de pédalo, et ensuite on rentrait. C'étaient les jours heureux. »

À 10 ans, il a une « vision ». Il se voit sur une scène de théâtre à Roubaix et se dit : « C'est là, c'est mon métier. Ma vie, ce sera ça ! » De là à penser que son nom scintillerait un jour au fronton des salles de spectacle et de cinéma, il n'ose y croire : « Pour moi, c'était un truc inaccessible.

— Vos parents, comment ont-ils réagi quand vous leur avez annoncé que vous vouliez être artiste ?

— Mon père n'a pas compris. Il voulait que je sois fonctionnaire. Pour lui, on était sauvé si on était fonctionnaire. On avait un salaire, on était sauvé quoi ! Déjà il n'a pas compris que je sois réformé de l'armée. Ma mère, pareil. Elle m'a dit : "Mon Dieu, tu pourras jamais rentrer à la SNCF." Je lui ai répondu : "Ben ouais, ni à la Sécu, ni à la Poste." Mon père n'a pas connu mon succès sur scène. Il est parti avant malheureusement. J'étais assez jeune quand il est mort. Il me disait : "*Comben* tu mets d'temps pour écrire un spectacle ?" Je répondais : "Six mois, un an, quoi, à peu près." Il répliquait : "Tu d'vrais mettre deux jours, *fainéaste*." » L'évocation attendrie de ces échanges avec son père disparu lui arrache une cascade de rire ému. Il se reprend : « Je lui disais : “Deux jours, pourquoi ?” Sa réponse fusait : “Un jour pour l’écrire, un jour pour l’apprendre.” Ma mère était plus inquiète, parce qu’être artiste, c’est la précarité. On ne sait pas ce qu’on va faire, ce qu’on va devenir, la drogue, les trucs, ça fait peur… »

Le succès ne lui est pas tombé du ciel. Il a mangé de la vache enragée, galéré sur des scènes de fortune dans le Nord et en Belgique, avant de venir tenter sa chance dans la capitale. Il a 23 ans. « C’est mon père qui m’a déposé, en camion, porte de Vincennes. Il ne pouvait pas entrer dans Paris avec son camion, c’était la cité interdite aux poids lourds. Il fallait avoir une autorisation spéciale. Il m’a déposé, sac à dos, guitare, je suis descendu.

— Sans argent en poche ?

— Avec les économies de ma mère. Les économies de sa vie. Elle m’a tout donné. J’ai tout dépensé, en très peu de temps. C’est horrible. » À la remémoration de cet épisode, il prend l’allure d’un gamin fautif avant de se dédouaner d’un sourire. « Parce que ça coûte très cher de vivre à Paris, constate-t-il. J’avais 10 000 francs de l’époque (l’équivalent de 1 500 euros en 2021)… *Toutes* ses économies. Je n’avais pas d’habitation, je vivais presque à la rue. J’étais pauvre. On dit pauvres pour les gens qui ont zéro, j’avais moins que zéro, j’étais à moins je ne sais pas combien, parce que j’avais emprunté de l’argent partout, j’étais interdit bancaire. Être interdit bancaire, c’est une sacrée saloperie, je ne le souhaite à personne. C’est une horreur. C’est-à-dire que vous n'existez plus pour la société. Pendant un an, j'ai été interdit bancaire. Il faut aller avec du liquide pour payer les factures, envoyer des mandats de la Poste. C'était une période terrible. Je ne pouvais pas me payer à manger, et j'allais au café avec mes collègues de théâtre, je me mettais à côté. Certains me demandaient ce que je voulais prendre. Je répondais : “Non, je n'ai pas faim.” Et je piquais le pain dans la corbeille. Je mangeais toute la corbeille. » Puis il en réclamait une autre. « Je me nourrissais comme ça. Et de carafes d'eau. C'était la misère. Oui, j'ai connu la misère. J'ai eu faim. Mais c'est bien. J'ai même eu pire que ça, j'ai eu l'humiliation », ajoute-t-il, en insistant sur chaque syllabe. « Je faisais du mime automate, du mime dans la rue. Donc j'avais des petites pièces. J'allais m'acheter du pain dans une boulangerie, et je payais avec plein de petites pièces. Ça énervait la vendeuse parce qu'elle devait compter toutes les pièces. Une fois, je n'avais pas assez. Elle dit : “Il manque…” je ne sais plus combien… 5, 10 centimes. Je fais mes poches et je sais que je n'ai rien. Elle me regarde et me fait : “Argh… ça va, dégage !” » Elle lui jette alors la baguette. En sortant, il se dit qu'un jour il rachètera la boulangerie. Dans un haussement d'épaules, il éclate de rire : « Je ne l'ai pas fait ! »

J'avais reçu Dany Boon à ses débuts, en 1994, dans *Bas les masques*, que j'animais à l'époque sur Antenne 2. L'originalité de ses sketchs m'avait frappée. Il n'hésitait pas à parler du chômage, de la dépression, de la violence, de la folie même, des thèmes que j'abordais dans cette émission de témoignages qui brossait un portrait de la société à travers ses marges. Vingt ans après, il plaisante encore de la réaction de ses copains quand il leur avait annoncé son passage dans l'émission. Ils lui avaient demandé, surpris : « Mais quel est ton problème ? » Il avait répondu : « Aucun, je fais rire. C'est ça le sujet. » Nous éclatons de rire. Il m'informe que ce passage à la télévision a, dès le lendemain de sa prestation, emballé les spectateurs. « Je voulais vous remercier, Mireille, parce que grâce à vous, j'ai rempli ma première salle de spectacle. C'était extraordinaire. Vingt ans après, je vous dis : "Merci." » Et il ajoute, taquin : « Je voulais appeler, laisser un message, mais je n'avais pas votre numéro. » Figure de style car, s'il faut s'y prendre à plusieurs reprises pour joindre Dany, je ne l'ai jamais pris en défaut de marque d'amitié à mon égard. Bien au contraire.

Dany Boon raconte alors que quelques années auparavant, lors de ses premiers shows, une partie des spectateurs hermétiques à son humour quittait la salle. Quel drôle de comique était-ce là ? Le paradoxe est que ces réactions ont contribué à sa notoriété. « Les gens sont venus me voir parce que j'étais différent. Je ne parlais pas de foot, de sexe, j'étais ailleurs, j'étais décalé. » Il fait son miel des failles, des blessures, des névroses qu'il traite avec tendresse. Comme si elles étaient le miroir de ses propres tourments existentiels, lui qui dit avoir été, à ses débuts, « physiquement malade avant de jouer ».

« Vous êtes vraiment hypocondriaque ?

— Oui. J'adore les pharmacies, je suis un fan de pharmacies. On en revient encore à ma mère. Elle s'est toujours inquiétée du moindre truc. C'était un drame pour moi.

Quand il faisait trop froid, elle ne voulait pas que j'attrape la mort, que je sois malade... Je prends mon pouls régulièrement, ma température frontale. Je fais des examens médicaux tout le temps, régulièrement. »

Je m'esclaffe, étonnée : « Vous êtes un grand malade !

— Oui, oui. Je me dis que tout va bien, c'est vrai, tout est génial et puis d'un seul coup j'ai une douleur, un truc. En fait, c'est complètement stupide. » Il fait celui qui est en train de suffoquer. « Et je pars, quoi. Je dis adieu.

— Vous essayez de vous en guérir ?

— Non... Parce que les choses ne vont aller qu'en empirant, obligatoirement. Je fais très attention. Je fais énormément de vélo, j'ai arrêté de courir parce que ce n'est pas bon pour les articulations au bout d'un moment. » Son récit, aux airs de sketch et pourtant véridique, nous déclenche un fou rire.

« Ce doit être invivable pour les autres ?

— C'est compliqué, oui. J'ai eu des tocs. Moins maintenant, grâce à la psychanalyse. J'ai fait une analyse qui a duré sept, huit ans. Je continue encore, je vais faire vérifier les niveaux. Comme au garage avec la voiture !

— Qu'est-ce qui vous soigne le plus : la scène, faire rire ou l'analyse ?

— J'ai cru longtemps que c'était la scène. D'ailleurs, quand j'ai commencé ma carrière, j'étais plus heureux sur scène que dans la vie. Du coup, je comptais mon temps de vie, dans la vie, et mon temps de vie, sur scène. Et j'essayais d'avoir plus de temps de vie sur scène que dans la vie. C'est dingue, non ? Je jouais sans arrêt, j'étais en tournée tout le temps… C'était vital, pour moi, de faire rire. C'est vital, depuis le début.

— Pour en revenir à votre mère, quelle relation avez-vous avec elle ?

— Fusionnelle. Ma mère m'a eu très jeune, donc je n'avais pas une grande différence d'âge avec elle. Il y a la même différence entre ma mère et mon père qu'entre ma mère et moi. Elle était à la fois le pivot de la famille en l'absence de mon père, la plupart du temps sur les routes pour son métier, et une sœur, une amie, une fille même, par moments. » D'où leur « très grande » complicité. Son premier souvenir d'enfant est de l'avoir fait rire, « effectivement », quand elle n'allait pas bien. C'était pour lui une « quête », sa « mission ». « Il fallait que je sauve ma mère en la faisant rire, insiste-t-il.

— La sauver de quoi ?

— La sauver du désespoir, je ne sais pas, de la déprime, quoi ! D'ailleurs, mes premiers sketchs sur la déprime viennent de là. Pour moi, le rire est une réparation. Ma mère a été rejetée par une grande partie de sa famille, notamment par son père, et un peu aussi par sa mère. Parce que mon père était Kabyle, qu'il était plus âgé et qu'elle était tombée enceinte. Elle n'était pas majeure quand elle m'a eu, elle était fille-mère. Et donc, elle a été foutue dehors.

— Et vous, les enfants, fruits de cette union, vous étiez aussi rejetés ?

— Oui, bien sûr. Effectivement quand j'étais gosse, je ne comprenais pas certaines réflexions racistes. » Il fronce les sourcils, ramasse ses pensées pour se rappeler précisément l'instant. Il lui est douloureux, le débit s'accélère. « J'avais 15 ou 16 ans, je suis allé chez mon grand-père pour le voir. Il m'a claqué la porte au nez. J'ai connu une période où je culpabilisais en me répétant : “Je suis responsable de ces troubles de famille. C'est ma faute… parce que je suis arrivé, quoi ?… Par accident. Donc, c'est ma faute, tout ce foin qu'il y a avec la famille !” Je me posais beaucoup de questions : “Pourquoi je ne suis pas aimé alors que je n'ai rien fait ? Pourquoi les autres ont des grands-parents, des fêtes de famille, et que nous, non ?” Ce n'est pas un hasard si j'ai tourné ce film *Bienvenue chez les Ch'tis*. Il y a une chaleur humaine chez les gens du Nord qu'il n'y avait pas dans ma propre famille. Soit on se referme sur soi et ça devient une tare, soit on s'ouvre aux autres. Ce rejet-là m'a donné envie de comprendre les autres. » Certainement est-ce aussi l'un des moteurs de son désir d'être reconnu et aimé par le public.

Dany Boon a fait du rire sa pierre philosophale. Alchimiste de l'humour, il transforme en positif le négatif de l'existence. Transposées à la scène, les blessures d'hier provoquent des éclats de rire. Il se moque volontiers de lui-même. À l'école, il n'était pas gâté. Le cheveu ras fait ressortir les oreilles décollées, un signe distinctif que sa mère tentera de corriger avec des élastiques. Ses petits camarades le raillent. Ils l'appellent « le radar ». Il en fera un sketch, qui arrachera un vague sourire à sa mère venue le voir sur scène. « Elle m'a vraiment mis un élastique quand j'étais gosse, ajoute-t-il quand il me voit dubitative. Elle m'a créé le complexe. Elle me disait : “T'es beau, mais c'est tellement dommage. On aurait d'l'argent, on t'ferait opérer." » Il se palpe les oreilles pour les aplatir, un geste qu'on devine maternel. Et elle ajoutait : "J'ai tout réussi, sauf ça." » Il part alors dans un fou rire. Le rire toujours et encore qui lui a tout donné : les premiers succès, la gloire, la fortune, le pouvoir de séduction.

Sur l'amour, il est sans équivoque : « Je me donne tout entier, je vais aimer au-delà de l'amour », poétise-t-il, conscient que le triomphe international a changé sa vie. Il a mis sa mère à l'abri, « comme beaucoup de prolos qui réussissent », a donné à des œuvres caritatives. « J'ai flambé, beaucoup. » Aujourd'hui, il a les pieds sur terre. Mais l'émerveillement est intact : « Pour moi, petit gars d'Armentières, le petit prolo qui est pauvre et qui, d'un seul coup, se retrouve à Hollywood, je me pince… Quand je suis dans des salles là-bas où des Américains voient mes films et rient, c'est génial ! C'est incroyable ! C'est Hollywood ! »

Si les États-Unis restent le Graal pour tout acteur ou cinéaste européen, les années passant et l'expérience à la clé, il tient à expliciter ses propos. « Comprenez-moi bien. Je ne suis pas fasciné par le système hollywoodien qui n'est absolument pas une finalité pour moi. C'est une image symbolique. En revanche, je suis toujours émerveillé et halluciné que mes films voyagent avec succès à travers le monde. » Et pour éviter toute méprise encore une fois ou tout soupçon de mégalomanie, il pondère : « En tout cas, à l'étranger. » En dépit d'une réussite incontestable, le Ch'ti d'Armentières n'a rien perdu de son humilité.

ROBERTO ALAGNA

« Mon père, ce héros »

Ses aînés ont pour nom Enrico Caruso, Luciano Pavarotti, deux ténors, comme lui, à la voix d'or. Surnommé *« Il magnifico »*, Roberto Alagna vient de cette lignée, vocalement parlant. Adulé du grand public, il remplit les salles de concert et les opéras. Malgré la sonorité de son nom, il est né à Clichy-sous-Bois en 1963, dans un ancien garage transformé en petite maison – un deux-pièces – par son père, un maçon « extraordinaire », souligne-t-il, lors de notre entretien en février 2010. Son parcours atypique et son talent sans frontières le désignaient tout naturellement pour être mon invité. De surcroît, j'ai une tendresse particulière pour l'Italie, le pays de ma mère et de mes grands-parents. Il accepta de bon gré, en toute simplicité, à son image. À l'exemple de cet échange informel, au tout début de l'enregistrement, sur son péché mignon : « Souvent, dans les hôtels où je trouve à travers le monde, je chante sous la douche, comme j'aime le faire depuis toujours, mais très tard parce que j'arrive vers une heure du matin. Et personne ne se plaint. C'est quand même incroyable ! », dit-il avec humilité, sans aucune fausse modestie. Comme je lui rétorque qu'un concert gratuit de Roberto Alagna, ça ne se refuse pas, il enchaîne : « Oui, mais à une heure du matin, ce n'est pas facile quand même ! Les gens sont gentils. »

Ses parents Francesco et Lucia ont quitté la Sicile, le berceau familial, à la fin des années 1950. Installés dans la banlieue nord-est de Paris, ils ont le cœur à l'ouvrage, vivent de privations, mais Roberto ne manque pas de joie de vivre. À 4 ans, il gratte la guitare, en tout cas, pose pour la photo, l'instrument à cordes dans les mains. « Des guitares, il y en a toujours eu dans la famille. Tout le monde en joue », me confie-t-il.

À l'école, Roberto Alagna est sensible et rêveur, vraiment pas obnubilé par les devoirs. Sa scolarité achevée, il fait des études de comptabilité. Il décroche le diplôme. Et, les fins de semaine, durant dix ans, il chante dans les cabarets, en particulier des chansons siciliennes. Il a 22 ans quand, à la faveur d'un concours, la star mondiale du *bel canto*, Luciano Pavarotti, l'adoube. « Il est venu vers moi et il m'a dit : *"Tu hai una voce affascinante."* » Le souvenir de cette journée mémorable lui en laisse encore le souffle coupé.

Du jour au lendemain, sa vie change. Il devient lui aussi une vedette que les scènes du monde entier réclament à cor et à cri. Le succès grandissant ne lui tourne, cependant, pas la tête.

« Il faut rester simple. C'est un métier très difficile, note-t-il sans fausse modestie, les pieds sur terre.

— Vous rêviez d'une telle destinée ?

— J'étais rêveur, mais je ne rêvais pas de ce genre de destinée. » Il en veut pour preuve l'aveu consenti à sa mère le jour où il lui fait part de son désir de se consacrer à l'art lyrique. « Je lui avais dit que je voulais simplement entrer dans le chœur de l'opéra. Je n'étais pas très ambitieux, c'est un peu mon défaut. »

Les choses lui arrivent « comme ça », par hasard, et il saisit l'opportunité qui se présente. Il insiste : « Non, je ne suis pas vraiment ambitieux. »

Roberto Alagna ne saurait d'ailleurs dire à quand remonte sa vocation de chanteur d'opéra. Pour la bonne raison qu'aussi loin qu'il s'en souvienne, le chant a toujours fait partie de sa vie.

« Enfant, je chantais, presque bébé, j'ai envie de dire. » En tout cas, dès qu'il a commencé à parler, il a donné du timbre, mélodieux. « Et ensuite, j'ai pris conscience de la responsabilité que j'avais par rapport à ma famille où tout le monde chantait d'une façon magnifique. » L'émerveillement n'est pas feint. Son arrière-grand-père, son grand-père, son père chantaient. « C'était quelque chose d'assez naturel. » Si naturel, qu'au sein de la famille, on ne parlait pas de ce don du ciel. « Ma mère me disait toujours : "Nous, on est d'une famille d'ouvriers. Donc ce monde-là – entendez celui de l'art lyrique –, ce n'est pas pour nous." Alors, on chantait pour nous-mêmes. » Elle le rêve en costume-cravate, faisant un métier « propre », c'est-à-dire comptable, comme l'oncle Salvatore avec qui il exercera un an durant.

Le déterminisme maternel l'amène à développer en son for intérieur une sorte de conscience de classe qui ne dit pas son nom et le freine dans son ambition. « Je suis devenu hyper timide. » Il lui en reste quelque chose que la coiffure de rocker et le noir vestimentaire ne parviennent pas tout à fait à estomper. « Et donc, je me cachais pour chanter. » Jusqu'au jour où sa sœur, l'ayant surpris à vocaliser, le voit tout tremblant de vibrato et bouillonnant tel un volcan. Elle en reste baba d'admiration et s'exclame : « Oh là là ! ta voix est très puissante ! »

« Vous imaginez un enfant hyper timide et tout d'un coup qui se lâche, ça devait faire du bruit. C'était le plus beau cadeau pour mon père parce qu'il a chanté toute sa vie et il continue à le faire. » Chez lui, dans la rue, au supermarché. « C'est un petit oiseau, ponctue le fils prodige. Quand on allait en vacances, il conduisait. Moi, j'étais à côté, j'étais le copilote, et on chantait tous les deux, comme ça, pendant le voyage.

— Vous avez eu une enfance modeste.

— Oui, mais très heureuse.

— Vous n'avez pas souffert du manque d'argent ?

— Non. On n'en avait pas beaucoup, on le voyait par rapport à nos camarades d'école. » Les enfants Alagna ne portaient ni chaussures, ni vêtements de marque. Pas même des jeans.

« Mais, ce n'était pas grave, souligne le ténor. On était quand même heureux. On avait reçu cette éducation de ne jamais se plaindre. Et, au contraire, de tout surmonter grâce au chant et à la musique. C'était ça qui était beau. »

Il se laisse à conter ce que sa grand-mère lui a confié sur son lit de mort à l'hôpital. « Mon frère Federico est venu lui jouer de la mandoline. C'étaient les derniers moments, d'une émotion intense. Je me rappelle ses dernières paroles : “Tu vois, Roberto, avec une mandolinc tu pcux faire danser cent couples.” C'était resté en elle. Elle a voulu me dire par-là : “Tu vois, quand on était en Sicile, on crevait de faim, c'était la guerre, on n'avait rien. On se mettait à danser et on oubliait tout, la faim, les problèmes, les tracas.” » Une leçon de vie, un modèle qu'il retiendra, sa « mission » d'artiste consistant à faire oublier aux gens « l'espace d'une heure, deux heures ou trois, tous ces tracas quotidiens ».

Quand il lit *Les Ritals* de François Cavanna, paru en 1978, il se reconnaît dans le livre et retrouve l'ambiance de son enfance. « Les gens avaient un peu peur de nous », de la « différence » que représentaient les Italiens immigrés en France avant, pendant et après guerre.

« Au départ, on n'était qu'entre Siciliens, on restait entre nous. Les Ritals, c'était quand même suspect à ce moment-là. Je suis arrivé à l'école avec mon oncle Alberto qui a quarante jours de différence avec moi, il était comme mon frère. On est arrivés à la maternelle, on comprenait la moitié de ce qu'on nous disait. Comme on parlait sicilien à la maison, il a fallu apprendre le français. » Et encaisser les quolibets des petits camarades, de l'école au lycée. « Dans les années 1970, le Français ne mangeait pas encore des pâtes tous les jours. Aujourd'hui, c'est quelque chose de courant. Mais à l'époque, on nous traitait de spaghettis et on riait de nous parce qu'on mangeait des pâtes. » Le dimanche également, quand la famille s'habillait pour aller à l'église, les copains se moquaient. « Ça a été très, très dur. »

Je lui fais remarquer que je ne suis pas certaine que la jeunesse actuelle connaisse les autres qualificatifs désobligeants comme « macaronis » adressés à l'époque aux Italiens. À quoi il dit comprendre le « malaise » que peuvent ressentir les jeunes d'aujourd'hui, placés dans la même situation que lui, c'est-à-dire tiraillés entre deux cultures.

« Toute cette communauté a été extrêmement courageuse, soutient-il. Ils ont travaillé énormément. » À commencer par son père, un « bâtisseur » à qui il voue une admiration sincère, doublée d'un amour filial rare. « Il a travaillé tous les jours de sa vie, relate Roberto Alagna, le samedi, le dimanche. » Sur les chantiers, et puis après à faire des « petites bricoles » comme il appelait ça, pour mettre de l'argent de côté afin de construire un jour sa maison et celles des autres membres du clan. Il revoit son père sur les échafaudages, chantant à tue-tête du matin au soir. Il avait fière allure. « Pour moi, c'était mon dieu. J'entendais cette voix magnifique. Physiquement, il avait un petit côté Sacha Distel. J'aimais beaucoup sa philosophie de la vie. »

Il connaît aussi et surtout, très jeune, le prix de l'effort qui lui forge le caractère. « À l'âge de 7 ans, j'aidais mon père chaque fois qu'il avait des "bricoles" à faire ou qu'il devait aider pour une maison chez mon grand-père ou chez un oncle. » Il décharge les sacs de ciment livrés par camion, de là sa belle carrure étoffée. Il ne s'en émeut pas plus que ça :

« C'était quelque chose de normal quand on pense que mon père a commencé à travailler à 6 ans. Pour lui, à 10 ans, j'étais un homme. »

Ses parents ne parlant ni n'écrivant le français, c'est lui, l'aîné de la fratrie de quatre enfants, qui remplit les chèques ou rédige les lettres chaque fois que cela s'avère nécessaire. C'était une particularité de la famille : les enfants étaient « tout de suite » traités comme des adultes. « D'ailleurs, rapporte Roberto Alagna, c'était curieux, parce que dans ma famille à l'époque tout le monde fumait. Et avec Alberto, à 10 ans, on avait notre paquet de clopes. J'ai fumé tous les jours de 10 ans à 20 ans, jusqu'au jour où j'ai compris qu'il ne suffisait pas de fumer pour être un homme. »

Ses débuts sur scène, il les fait dans les pizzerias jusqu'à ses 17 ans. « Après, je suis passé au cabaret. » Les week-ends, il chante en duo avec son père. « J'ai adoré, s'enthousiasme-t-il, des éclairs dans les yeux. Mon père, c'était mon copain. Je l'emmenais partout avec moi. » À raison de soixante-dix chansons par soirée, il se constitue un solide répertoire. « C'était assez long », note-t-il, quand il songe à la durée de ses récitals.

« À partir de ce moment-là, votre famille vous a encouragé ?

— Ah non ! Pas du tout. Tout le contraire. Ils avaient peur. Encore aujourd'hui, ma mère regrette presque que j'aie choisi cette voie. Et puis, dans ma famille aussi, on me disait souvent : "Tu sais, l'oncle Ernesto, il n'a pas réussi. Regarde dans quoi tu t'engages." Lorsque j'ai commencé le cabaret, c'était pareil, pour eux, c'était une honte. Ils avaient l'impression que je faisais la manche, parce que les gens me mettaient des billets sur la guitare. Pour eux, c'était quelque chose de vraiment déshonorant. » Mais ses parents changent d'avis lorsqu'ils le voient triompher. « Il y avait la queue comme au cinéma », s'amuse-t-il. L'afflux du public consacre son succès.

« Qui vous a persuadé que vous étiez fait pour l'opéra ?

— J'avais pris des cours pour la variété. On m'avait envoyé chez le professeur Raphaël Ruiz, parce que ma voix avait un soi-disant défaut : je chantais trop fort. Et lui m'a fait prendre conscience de ma voix de ténor. Il a allumé une flamme en moi, et cette flamme est encore présente aujourd'hui. » Dès lors, en autodidacte assidu, il travaille sa voix à raison de huit heures par jour « comme un instrumentiste », et pour vaincre ce sentiment intime d'être toujours en retard sur les autres, il lui faut « mettre les bouchées doubles ».

N'étant pas du sérail, Roberto Alagna a essuyé les critiques pour avoir chanté la variété aussi bien que le lyrique. Il n'a pas fait les conservatoires. « J'arrivais un peu de nulle part. J'étais un extraterrestre du métier. Ça dérangeait assez, oui. » Il s'est donc battu pour être « accepté ». Le public, en revanche, ne lui a jamais mégoté sa confiance. Les gens le reconnaissent dans la rue. « On m'appelle Roberto. On ne m'appelle jamais monsieur Alagna ou maestro. Et ça me plaît énormément. »

Ce réconfort le comble d'autant plus que, pendant longtemps, il a été en proie au doute. « Encore aujourd'hui, parfois je doute. » Car tout ce qui lui est arrivé relève « quand même » du miracle. « Je n'ai jamais rien demandé. C'est comme s'il y avait eu un chemin tracé et que, chaque fois que j'essayais de prendre un chemin de traverse, quelqu'un, une force suprême, me remettait sur le droit chemin. » L'opéra participe à ses yeux du même mystère :

« C'est divin, dit-il. Il y a quelque chose d'inexplicable qui parle directement avec l'au-delà, avec le ciel.

— Vous vous sentez Français, Italien ou Sicilien ?

— Ça a été le dilemme le plus dur que j'ai eu à combattre, même au sein de ma propre famille, parce que je suis le premier à être né en France. Mais peu à peu, j'ai compris, en voyageant, que mon pays, c'est la France. » Il y a grandi, vécu, amassé « des souvenirs ».

Le couronnement de sa carrière se produit le 14 juillet 2005, place de la Concorde, quand il chante *La Marseillaise* devant le président de la République Jacques Chirac et son invité le président brésilien Luiz Inácio Lula. Rien que d'y penser, il en a la « chair de poule ».

Y a-t-il vu une revanche du destin ? « La revanche était plutôt pour mon père, dit-il, un artiste vraiment. » Et d'énumérer les travaux que ce dernier a réalisés aussi bien au Grand Palais qu'à l'Élysée et sous les arcades de la place des Vosges, à Paris, où il a même inventé la couleur des voûtes. Le ténor raconte que, quand son père travaillait à la présidence de la République, à l'arrivée des personnalités politiques venant rendre visite au chef de l'État, il était tenu de se cacher « parce qu'il était en bleu de travail avec son seau ». « Vous imaginez le jour où l'on m'a remis la Légion d'honneur ?, enchaîne-t-il, exultant. Il était là avec moi, son fils, dans la salle principale ! Là, tout d'un coup, j'existais. J'étais le fils d'un pays. »

C'est à ce moment-là qu'il dit être devenu Français « à cent pour cent quasiment ». « J'avais envie de défendre ce pays et de le représenter dans le monde entier. J'avais trouvé une patrie. » Une patrie qu'il a aussi servie sous les drapeaux, comme pilote de char, au début des années 1980. Pendant ses obligations militaires, il a été déployé au Liban en guerre à l'époque, où il a perdu des camarades. « C'était un moment très difficile », dit-il sans s'appesantir.

Il ne renie pas pour autant ses racines. « En Sicile, la matrice, c'est l'Église. Pour moi, la matrice, c'est la mamma. On dit souvent que les Siciliens sont machos. C'est vraiment tout le contraire. La maman, la femme, la fille sont reines. » Lui se définit d'ailleurs comme un romantique : « J'en ai vraiment tous les ingrédients. Et je peux passer de la nostalgie la plus profonde à la joie la plus grande », ce que l'opéra lui permet de vivre à travers ses personnages.

La vie, elle, se charge de lui infliger de grands chagrins. Le plus terrible se produit en 1994, lorsque son épouse meurt d'un cancer. Il se retrouve, seul, avec sa fille Ornella âgée de 3 ans. « Si je n'avais pas eu mes parents, j'aurais laissé tomber le métier. Parce que je n'aurais jamais abandonné ma fille ni ne l'aurais laissée à une nourrice. » L'enfant occupe tellement son esprit que, lors de ses tournées à l'étranger, au cœur « des plus beaux endroits » de la planète, il ne voit rien. « Je n'étais jamais heureux. Je ne pensais qu'à elle. »

C'est maintenant que sa fille a « pris son envol » qu'il commence à ouvrir les yeux et à s'apercevoir de « la beauté du monde ». « Avant, j'étais très triste de la laisser tout le temps. À chaque fois que je partais, j'étais en larmes. Je suis très fier d'elle. La plus belle chose que j'ai faite au monde, c'est Ornella. »

BENOÎT POELVOORDE

« La vie surréaliste »

On peut aimer la comédie, la jouer même, et ne pas toujours avoir le cœur à rire. De ce point de vue, Benoît Poelvoorde, homme pressé par excellence, a été happé par le succès. Depuis son premier long métrage, en 1992, *C'est arrivé près de chez vous*, un film belge devenu culte, tourné à 27 ans, et plus encore après *Podium* en 2004 dans lequel il « faisait le métier » de Claude François, il a enchaîné les tournages. La vie a filé à deux cents à l'heure, lui donnant à peine le temps de se retourner, de voir ceux qui lui sont chers, surtout. La quarantaine venue, au moment de notre rencontre, coup d'œil dans le rétroviseur : il devrait se réjouir du succès engrangé. Au contraire, il éprouve un vertige rimbaldien. Sur le mode revu et corrigé du poète de Charleville : *« Oisive jeunesse/À tout asservie,/Par délicatesse/J'ai perdu ma vie. »*

Et pourtant… Voilà un acteur qui ne connaît pas le répit. Il ne s'en plaint pas, mais éprouve parfois le sentiment d'être passé à côté de l'essentiel. Lui qui dit « parler tout le temps pour qu'on ne l'entende pas », un de ces paradoxes dont il a le secret, a accepté en ce jour d'octobre 2007 de sortir de sa réserve habituelle, sachant que lors de notre face-à-face télévisuel, il serait « bien forcé de se livrer ». Défi envers lui-même.

« À côté de quoi avez-vous l'impression d'être passé ?

— Parfois, on peut passer à côté de ses proches. Le cinéma fait partie de ma vie, mais ce n'est pas *ma vie*, voyez-vous. Il faut savoir faire des arrêts, des haltes, et se dire : est-ce bien nécessaire de courir autant ? De faire ce film et puis celui-là, et encore celui-là. » Un coup à droite, un coup à gauche, d'un geste preste d'une main, de l'autre, il boxe les mots. À sa façon de caresser la table d'un mouvement fébrile, de faire diversion en cherchant la bouteille d'eau placée à ses pieds ou quand il invoque des personnages imaginaires, je sens que l'entretien peut à tout moment partir en vrille et qu'il va falloir que je m'accroche. En même temps, j'ai presque envie de lui souffler : « Détends-toi, Benoît », tellement je le trouve écorché vif et attachant.

« Vous avez l'impression d'avoir fait trop de films ?

— Je ne regrette pas les films que j'ai faits, comment dirais-je ?... » La tête penchée en avant, il cherche l'expression adéquate pour définir ce qu'il a sur le cœur. Il concède soudain : « J'ai un peu oublié les gens qui m'entouraient, voilà ! »

Quand « d'un coup », le succès lui est tombé dessus, les sollicitations ont afflué. Il s'est laissé embarquer, peut-être même griser. « Un jour, ma maman est venue me voir et elle m'a dit : "Est-ce que tu voudras bien manger avec moi ce soir ?" » La remarque l'avait bouleversé.

C'est pourquoi il voudrait s'arrêter, prendre le temps. Ce qui lui permettrait de retrouver un « équilibre personnel ». Dire stop, retrouver « la joie de vivre », il en rêve, « parce que si je la retrouve, je la communiquerai à nouveau ».

Benoît Poelvoorde traverserait-il une mauvaise passe ? Il lui est arrivé de perdre pied : « Oui, oui, bien sûr », il ne s'en cache pas. La crise existentielle, il connaît. « Je n'ai pas de difficulté à en parler, c'est une crise que la plupart des gens ont dû connaître ou vont connaître ou ont connue. Il y a une crise de la quarantaine, puis il y a les difficultés personnelles que vous traversez. » Mais à tout prendre, elles sont, au fond, salutaires. Lui dit « salvatrices ». « Les chutes sont nécessaires. Donc je ne dirai jamais qu'un mal-être est destructeur. » Le cadre est posé. Difficile pour lui de donner libre cours à ses états d'âme sans recourir à une pirouette. Question de « décence », dans la mesure où, déroule-t-il, il existe des gens qui se lèvent à cinq heures du matin, passent le péage comme des millions d'autres pour aller travailler, alors que lui a, de ce point de vue, bien conscience d'être « privilégié ».

« Et pourquoi avez-vous perdu votre joie de vivre ?

— Je pensais que vous alliez dire ma bouteille d'eau, mais je vais la prendre. » Je ris, bon public. Joignant le geste à la parole, il se penche, se saisit de la bouteille posée sous la table, la débouche. « Attendez ! Attendez ! » Il boit au goulot, prend son temps, hasarde une blague, une façon sinon d'esquiver du moins de préparer sa réponse. « Vous finissez par ne plus avoir de retour, vous ne rentrez quasiment plus chez vous. Comme je suis quelqu'un de casanier, comme j'aime bien être chez moi, c'est là que vous perdez vos repères. Et à ce moment-là, vous vivez dans un monde virtuel parce qu'on vous flatte, on vous déresponsabilise, on vous infantilise. »

Le comédien tient à faire comprendre que le cinéma n'est pas l'univers glamour dépeint par les revues en papier glacé, ceux qui en font profession en deviennent même « capricieux ». Parce qu'ils sont habitués à être servis avant même de lever le petit doigt. À peine se mettent-ils debout que déjà on leur tire une chaise pour qu'ils se rassoient. Ils ont faim et aussitôt on leur amène trois plateaux-repas. « Ce n'est pas toujours les dieux qui sont punissables, mais c'est l'usage qu'on en fait », dit-il, ajoutant tout de go : « Il faut reprendre contact avec le sol et avec les gens qui vous aiment. Pas avec les spectres de l'affection. » « Spectre » est un mot que, précisément, il affectionne et qu'il émet chaque fois qu'il veut dénoncer le côté factice d'une situation, lui à qui l'authenticité est si chère. « Oui, parce qu'au cinéma, tout le monde s'aime, c'est bien connu. » À ces mots, le ton ironique est désabusé.

Il fuit l'entre-soi, ces soirées et mondanités où ne se rencontrent que des gens exerçant le même métier. « Vous imaginez des centaines de plombiers se réunissant pour discuter boulons, vis et tuyaux ?, plaisante-t-il. Le septième art s'en est fait une spécialité. Ce qui, en soi, est un peu absurde. On s'emmerde à la longue. » Pas d'amertume dans le constat, une lucidité mâtinée d'ennui, oui, c'est ça, d'ennui.

Benoît Poelvoorde habite à Namur, sa ville natale, dans une maison située à cinq cents mètres de celle de sa mère où elle-même est née. « Pas très loin de chez ma maman, oui », concède-t-il, non sans un temps d'hésitation. Sa mère est la grande affaire de sa vie, la personne sans doute qu'il aime « le plus au monde ». « On a besoin de rester près de ses racines. Même les gens qui quittent la province pour "monter à Paris". À un moment, on a besoin de retrouver ce qui nous a construits. » Sous ses airs décontractés, il ne se met pas facilement à table, use plus souvent qu'à son tour de circonvolutions, cherche à faire diversion avant que d'exposer des choses trop personnelles.

Je lui montre une photo le représentant avec sa mère dans l'épicerie familiale, ce dont témoigne la balance Berkel. Il sourit, détendu enfin. Lui est imberbe, cravaté, un peu plus grand qu'elle, forte, avenante, lumineuse, une collerette blanche à ras du cou et, sur une robe noire, un tablier blanc également. « Elle a arrêté le magasin, puis elle a acheté une ferme et s'est occupée d'animaux », précise Benoît Poelvoorde. L'année de ses 11 ans, le père, chauffeur routier, meurt. Il se souvient être allé à l'enterrement, endimanché, et puis, la cérémonie mortuaire terminée, avoir été autorisé à jouer au ballon dans ses beaux vêtements. « C'est tout. » L'incongruité de la vie...

La mère se rapproche encore plus des enfants. Une phrase l'a marqué à jamais, elle leur dit : « J'vous aimerais deux fois pour deux. » Et elle l'a fait. « Elle l'a *vraiment* fait », ajoute-t-il ému.

Un peu plus tard, dans l'entretien, je lui demanderai s'il se considère comme un « fils à maman » ?

« Oui, ça, il n'y a pas de doute. C'est un peu normal, comme c'est elle qui m'a élevé quand j'ai perdu mon père. »

Benoît était le cadet de la famille, le dernier aussi à quitter la maison. « Je suis quand même parti à 27 ans », note-t-il. Et d'ajouter pince-sans-rire : « C'est parce qu'elle m'a frappé, sinon je restais. Elle a la main lourde. » Son humour au second degré égaie le propos. Il n'a toutefois jamais coupé le cordon ombilical et peut même se faire petit garçon quand il chuchote « maman », à qui il porte encore son linge à laver. « Elle continue à le repasser... », dit-il.

« Pourquoi c'est elle qui le fait ? lui demandé-je, étonnée.

— D'abord parce que ça lui fait plaisir. Et puis, poursuit-il d'un air d'évidence, parce que personne ne le fait aussi bien que ma mère. » J'éclate de rire, complice. « Ma mère, c'est fabuleux », poursuit-il vantant ses talents de cuisinière et de repasseuse. « Regardez !... » Avec application, il montre sa chemise blanche à col ouvert, sans un faux pli sous la veste sombre à rayures.

Il relate comment s'illustre le contact viscéral qu'il a gardé avec sa mère, quand le jeudi, ensemble, ils briquent la maison. « C'est une manière de parler à maman. Il y a d'autres moyens de communiquer avec sa maman, ou son papa ou avec sa famille. Maman et moi, on choisit de nettoyer la maison, de faire la lessive ou des travaux pratiques. Et on parle davantage, à mon avis, en faisant ça que si on coupe une tranche de gigot, en mangeant une pomme de terre. » À la fois touchée et amusée par cette confidence, je lui lance :

« Avec tout ce que vous dites, comment une femme peut-elle être à la hauteur de votre mère ? »

Benoît me regarde longuement en silence, avant de brandir un carton rouge et de s'esclaffer :

« Vous l'avez bien cherché celui-là !

— J'en conviens. Néanmoins, vous êtes son fils choyé et en même temps vous la protégez ?

— Mais toujours !, s'exclame-t-il. Un jour les rôles s'inversent. Au début, ce sont vos parents qui veillent sur vous, et ensuite c'est vous qui devenez le responsable de vos parents. C'est normal. C'est dans l'ordre logique des choses. »

Que leur relation recèle quelque chose de charnel, il n'en disconvient pas. À se demander si entre eux, l'Œdipe est réglé, surtout quand il assène : « Si je pouvais, je revivrais avec ma mère, il n'y a aucun problème.

— Vraiment ?

— Ah mais, je vous assure. » Benoît Poelvoorde redevient des plus sérieux.

« Vous vivez presque avec elle, de toute façon, si je comprends bien ?

— Quasiment, mais ça ne me gêne pas. Il faut connaître ma maman. Elle est rare. Elle a une grande générosité. »

Madame Poelvoorde, qui fut jadis marchande des quatre saisons, c'est « Mère Courage », celle qui lui donne de l'énergie, celle qui lui a appris à faire face dans l'adversité, à se remettre en selle après l'échec, et, autre bien précieux entre tous, celle qui, par l'exemple, lui a enseigné la dérision. « Ma mère ne prend pas les choses au sérieux. Elle n'a jamais rien dramatisé. Jamais ! » Cette philosophie de la vie viendrait, selon lui, d'une singularité propre au pays qui les a tous les deux vus naître. « On a, en Belgique, ce que j'appelle une tristesse joyeuse, une sorte de mélancolie gracieuse. » Le ridicule ne leur fait pas peur. Et le surréalisme leur est consubstantiel.

Une chose, toutefois, les sépare, qu'il regrette sincèrement : « Je n'ai pas sa force, ça c'est le problème. Si j'avais sa force, Seigneur, Brad Pitt ne tournerait plus de film ! » Toute occasion est bonne pour provoquer le rire. Même si Benoît ressemble à sa mère sur bien des points, il n'a pas non plus son caractère « optimiste ». Et puis, il ne s'est jamais trouvé beau. « J'ai un bon gros physique moyen. Mais c'est un avantage parce que je n'ai pas d'âge. J'avais déjà un physique de vieux quand j'étais petit. Je suis né avec une tête de vieillard. Je n'étais pas un très bel enfant, mais dans mon adolescence, ce n'était carrément pas facile. J'avais une tête de con », dit-il en commentant, entre amusement et affliction, une photo de lui, « mais ça ne me gênait pas, parce que ça forge le caractère. Vous devez exister autrement ».

Lui a choisi le comique.

« Il n'y a rien de plus beau que de faire rire quelqu'un. C'est un cadeau magique et puis j'aime ça. » Son « dieu » en ce domaine s'appelle Louis de Funès. « J'ai une passion pour lui. Je trouve qu'il faut beaucoup d'humilité pour faire rire. » Le rire est d'abord et avant tout un moyen de se faire aimer. Il souscrit, non sans une gêne perceptible que traduit la manière dont il balaie, tel un essuie-glace, la table placée devant lui. La main droite oscille dans un va-et-vient automatique. « Elle sera propre à la fin de la journée », lance-t-il.

Ce geste le « rassure ». Je lui fais remarquer qu'il n'est pas le premier à s'adonner à cette gymnastique, laquelle dénote un certain embarras. Benoît Poelvoorde avait prévenu : « Moi, je suis un garçon très nerveux. J'aimerais être contemplatif... Mais de quoi parlions-nous déjà ? » Puis, il ajoute : « L'acteur qui viendrait ici en frottant la table vous dire qu'il n'a pas envie d'être aimé, sachez que c'est un menteur. Comme un type qui dit qu'il n'a pas d'ego. »

Conscient très tôt que le rire pouvait être une arme contre la « bêtise », il en a usé aussi « pour se défendre ». Où ça ? Comment ? Dans les colonies de vacances, au pensionnat, à l'internat où il a été placé de 8 à 15 ans avec des adolescents plus âgés que lui. La loi du plus fort en cour de récréation, l'autorité brutale des costauds, il a connu ça. Pas facile à vivre. Il a encaissé, provoqué les rires pour s'attirer la protection des plus grands.

En même temps, il a grandi plus vite. Possible au final que cela ait pu contrarier un vague désir de paternité. Il n'a pas d'enfant. Pas par peur d'être un mauvais père. Au contraire. « Ce serait assez chouette », dit-il, à peu près sûr que « très vite » c'est l'enfant qui s'occuperait de lui. Ses réticences sont d'un autre ordre, philosophiques, métaphysiques, humaines : « Je me sentirais tellement coupable si jamais il souffrait. Peut-être est-ce lié au fait que je n'ai pas eu une vie familiale... équilibrée. »

Benoît s'ouvre enfin. J'entrevois une enfance parsemée de souffrances, de séparations qu'il n'avait pas évoquées jusqu'alors. On est loin du petit garçon qu'il laissait supposer, toujours « fourré dans les jupes de sa mère », bien au contraire. Je le relance sur le sujet et ce qu'il dit me bouleverse.

« Personne ne pouvait s'occuper de moi, donc il fallait bien qu'on me mette quelque part. » Le père était sur les routes au volant de son camion, « ma maman ne pouvait pas… Elle n'avait pas les moyens… ». Le souvenir de cette période lui est si « pénible » qu'il a du mal à en parler avec légèreté encore tant d'années après. D'autant que de l'internat, situé à huit cents mètres de chez lui, il entendait le carillon du clocher, le même qui le berçait dans sa chambre d'enfant « chez ma maman ». Si près, si loin, il ne comprenait pas ce mystère pesant de la séparation. Il en était « triste ». Le chagrin demeure, indéfinissable. L'absence résonne encore. Dans « l'épreuve », elle lui a manqué et lui à elle, même si à l'heure des retrouvailles épisodiques, elle « donnait beaucoup ». Il insiste sur le *beaucoup* qu'il répète huit fois d'affilée. Il lui en est resté quelque chose. Une part d'enfance qu'il n'est pas parvenu à « exorciser », un lien indéfectible à sa mère, un amour qui est « presque vierge ». Incommensurable.

GUY BEDOS

« Je voudrais l'éternité »

Il n'avait pas revu l'Algérie, son pays natal, depuis près de quarante ans. Quand, en 1988, je lui ai proposé de faire ce voyage pour une série documentaire que je lançais, il a immédiatement accepté. Il était comme ça, Guy Bedos, entier et instinctif. Nous avions sympathisé lors d'un séjour à Quiberon où chacun reprenait des forces, lui d'une tournée, moi d'un tournage assez éprouvant dans les prisons. Sans doute nous sommes-nous reconnus, lui cachant ses larmes derrière ses rires, moi mes rires derrière mes larmes. Le titre d'inspiration proustienne, *Le Passé retrouvé*, l'enchantait. Il était amoureux des mots.

Attaché à ses racines, il avait souhaité que son fils, Nicolas, alors âgé de 8 ans, l'accompagne. Il tenait beaucoup à ce « passage de relais » afin qu'il sache d'où son père venait. « Ce qui me touche beaucoup, c'est la présence de mon fils à mes côtés, mine de rien. Parce qu'il voit tout. Pour ce petit garçon né à Neuilly, c'est très important. »

Ensemble, ils ont déambulé dans le pays, à Constantine, Tipaza, Annaba, sur les traces de son enfance. Au cimetière chrétien d'Alger où il n'était jamais allé, il a découvert le caveau de la famille paternelle où repose son père, Alfred Bedos, visiteur médical. Pas de plaque à son nom cependant, il ne figure en toutes lettres que sur le registre des inhumations. « Tu vois, on a retrouvé mon père. Là, au plus proche de nous, dit-il à son fils, pointant le tombeau du doigt, c'est mon père qui est là, mon papa qui est là-dedans. » La mousse a partiellement recouvert la pierre, mais pas les souvenirs. Tandis que Guy, désappointé de ne trouver aucune inscription, tourne autour de la tombe, Nicolas appréhende la mort pour la première fois. Intrigué, il demande à plusieurs reprises si « on voit les gens » ou « comment ils sont placés » lorsqu'on soulève la pierre tombale. « Non, on ne voit plus rien, on ne voit plus de figure », lui répond finalement son père, perdu dans sa propre quête. Et d'ajouter, l'humour reprenant le dessus : « De toute façon, on ne va pas le faire tout de suite, on a le temps… » Cette scène de vie et de choc générationnel dans le lieu de repos des morts restera gravée dans ma mémoire, comme sur la pellicule.

Plus il sillonnait les routes et les villes, la main souvent posée sur l'épaule de son fils, plus il se sentait « comme un personnage de Pirandello », qui ne sait plus vraiment quand il joue un rôle ou quand il est lui-même. Ses repères se brouillaient. « Je ne cherche rien d'autre que moi, avoue-t-il, il y a des tas de choses qui se remettent en place à l'intérieur de moi. Comme une espèce de Meccano affectif dont il manquerait plusieurs pièces. »

L'émotion du retour l'avait submergé, sans toutefois éprouver apparemment « la moindre nostalgie du pied-noir qui revient au pays ». À Souk-Ahras, où la famille a vécu quelque temps, il a bien noté que l'église de l'abbé Mérivier, qu'il fréquentait dans sa jeunesse, avait troqué son clocher pour un minaret. Quand un des fidèles lui a expliqué l'inutilité de laisser une église pour un ou deux chrétiens sur 200 000 habitants, Guy Bedos a ironisé : « C'est une question de clientèle, en somme. » Le trait n'a pas provoqué le rire escompté dans le petit groupe devant la mosquée. Mais certains ont souri. En balade dans Alger, en revanche, il avait été pris d'un accès de colère et de regrets : « Je trouve que les Français sont des cons, parce que c'était l'une des plus belles villes de France, Alger !

— Ne seriez-vous pas brusquement un peu nostalgique de l'Algérie française de votre enfance ?

— Je ne suis évidemment pas nostalgique de l'Algérie française avec la connotation OAS (Organisation armée secrète), rectifiait-il. Mais on aurait pu faire l'économie de cette guerre. Et les Français, certains Français, devaient rester ici. Ce n'est pas ce que j'ai pensé à l'époque parce que c'était trop violent. Mais je le sens à présent en parlant avec les Algériens. » Comprenez que, pour lui, les deux pays n'auraient jamais dû en arriver là, l'indépendance, oui, mais pas la violence : Algériens et Français sont frères.

En quête d'identité, l'humoriste avouait : « J'ai fait un gros effort pendant des années pour m'intégrer en France. (Il est arrivé à l'âge de 15 ans.) Mais enfin, j'étais un émigré ! Comme les autres. Les pieds-noirs sont des émigrés. Ils ne le savent pas, mais les vrais Français ne les ont jamais complètement acceptés. » Et il ajoutait sur le ton de la provocation :

« On est des bougnouls aussi. Il a donc fallu faire un effort pour devenir un personnage du Tout-Paris. »

À la faveur de la réalisation du documentaire que je signais avec celui qui partage ma vie, Dominique Colonna, nous étions devenus amis. Ainsi qu'avec les autres membres de la famille. Une amitié évidente et limpide comme ces belles journées ou soirées d'été partagées dans cette Corse tant aimée par nous tous. Guy l'appelait son « Algérie de rechange », et moi, je me plaisais et me plais toujours à dire que « j'emprunte les racines » de Dominique, orpheline de l'Italie et sans autre véritable attache. La sortie d'un livre, la création d'un spectacle étaient autant d'occasions de l'inviter dans mes émissions. Presque un rituel où nous nous amusions à nous surprendre à chaque fois. Jusqu'au bouquet final de 2013 à l'Olympia, quand il fit ses adieux au one-man-show et se produisit, pour la première et la dernière fois de sa carrière, à Alger.

Lorsque Joe, son épouse, me proposa de le suivre de nouveau sur sa terre natale, j'acceptai bien évidemment. L'accueil des Algérois fut à la hauteur de l'attachement viscéral de l'artiste à ce pays, plus profond et plus démonstratif qu'en 1988. « Vous êtes ici chez vous », « On vous aime », « Vous êtes le révolté. Vous nous représentez partout », lui disent chaleureusement hommes et femmes de tout âge. Ils l'arrêtent dans la rue bondée, l'étreignent. Guy caresse la tête d'un enfant qu'une mère lui tend, plus loin il demande à une jeune femme voilée qui le complimente sur ses spectacles si elle n'est pas trop choquée par ses propos. « Parfois, répond-elle dans un petit rire presque en s'excusant, mais ça va quand même. On vous pardonne. » Vingt-cinq ans se sont écoulés depuis notre premier voyage en Algérie. Désormais en paix avec son passé, il dit : « Je suis un Français d'Algérie. Je suis Algérien. C'est mon pays, mon vrai pays. » Et d'ajouter : « Le petit garçon que je suis est consolé par cet accueil. Ils savent tous mon histoire, ils savent tous que je n'ai pas fait la guerre d'Algérie (il s'est fait réformer pour maladie mentale et a échappé à la mobilisation) et que je défends les immigrés en France. »

En effet, l'humoriste n'a jamais mégoté sur son engagement politique, une fois la notoriété acquise. Combien de combats menés contre le racisme et les injustices sociales. Au risque de paraître « très prétentieux », il affirmait vouloir être « le haut-parleur de ceux qui n'ont pas la parole ». « Peut-être qu'à ma façon j'ai fait avancer la machine, peut-être. » La prudence dans l'expression n'était pas superflue. Surtout lorsqu'il mesurait « l'échec total » qu'avait été son combat aux côtés des sans-papiers. Mais il se rassurait en disant que « faire du drôle avec du triste » avait le pouvoir « de venger et de consoler » son public. La revue de presse de son spectacle sur l'actualité déclenchait des cascades de rire ou de protestation complice.

Ressentant ce dernier tour de piste comme une petite mort pour lui et redoutant d'entrer dans « le temps qui reste », formule empruntée par l'artiste au journaliste et écrivain Jean Daniel, j'eus envie de prolonger ce tournage et de lui rendre hommage en réalisant un grand portrait de l'homme, du citoyen et de l'artiste, *Guy Bedos en toute liberté.*

Nous nous retrouvons donc à son domicile parisien que je connais bien pour y avoir dîné souvent. Après une longue mise en place pour le cadrage des caméras et pour la lumière, il me taquine comme à son habitude : « Je dirai ce que je veux bien dire. » Évidemment, il parle de tout, de politique, avec son lot d'illusions et de désillusions, des procès avec Jean-Marie et Marine Le Pen, de ses combats, notamment pour le droit au logement. Pas de tabou non plus sur les femmes, celles dont il a partagé l'existence : « Je ne suis pas un vrai don juan, je n'ai pas le goût de la collection. »

Notre échange glisse sur sa mère qui occupe une place capitale. Elle a fait de lui ce qu'il a été. « Elle a été la première femme de ma vie, assène-t-il dans un clin d'œil freudien. Après, précise-t-il, ça s'est un peu gâté, politiquement, notamment sur l'Algérie, moi, j'étais pour l'indépendance, de gauche, elle pas vraiment. L'Algérie, ma mère et moi, c'est un amour contrarié. » Et d'ajouter : « Chaque fois que je me suis séparé d'une femme, j'ai envoyé une lettre de rupture à ma mère, une lettre d'injures. » Le sujet est sérieux. Là, pour le coup, il ne plaisante pas. C'est à elle qu'il doit ce regard espiègle et inconsolable qu'on lui connaît et qui, par ailleurs, plaît tant aux femmes, souvent disposées à venir à la rescousse d'un cœur blessé. Le sien l'a été, profondément.

« Vous vous êtes construit contre votre mère ?

— C'est un peu court "contre ma mère", répond-il. Tout contre, alors, pour parodier Sacha Guitry. J'aimais ma mère. Elle n'était pas très aimable, mais je l'aimais. Voilà, c'est comme ça, c'était ma mère. Elle disait des bêtises, mais elle n'était pas si bête que ça. J'ai adoré cette femme qui était tout ce que je déteste, tout, en tant qu'être humain. »

Le temps a passé, les souvenirs d'enfance demeurent, intacts, pénibles. « Elle était raciste, antisémite, assure Guy Bedos, et dure. Elle a dit devant moi, je m'en souviens, en Algérie, qu'elle a fait mettre en prison une jeune femme de ménage qu'elle appelait "la bonne !" parce qu'il manquait une paire de draps. Quand j'entends ça, j'ai envie de tout faire sauter dans la baraque, moi ! »

Il a passé son enfance et son adolescence dans l'Algérie coloniale. Sa mère, prénommée Hildeberte, était la fille du proviseur du lycée Bugeaud d'Alger et son beau-père, propriétaire d'une scierie. Le couple habite un quartier résidentiel, la « bonne » est Algérienne. Guy Bedos fait ses humanités, récite des stances de Rodrigue, dans *Le Cid*, et lit, ou plutôt feuillette, la revue *Paris Hollywood* pour les pin-up et les starlettes qui s'étalent pleine page. En juin 1949, il quitte son pays natal, ce qui divise la famille des années durant.

L'Algérie était devenu un sujet tabou, et plus encore ce que Guy Bedos nomme « cette chose-là », à savoir la séparation des parents alors qu'il n'avait que 2 ans. L'absence du père biologique demeure une énigme. Un jour à Constantine, il devait avoir 12 ou 13 ans, ce dernier vient attendre son fils à la sortie du collège, l'attrape, le soulève, le couvre de baisers, en larmes, puis, pour le malheur de l'enfant, disparaît. « À jamais », relate-t-il. Une « espèce de tournant » se produit alors dans sa vie. Il passe des heures à errer dans la ville, se rend sur le pont suspendu, appelé « le pont des suicidés ». Et s'il se jetait dans le vide ? La question lui traverse l'esprit. Il vit même une espèce de flirt avec la mort qui durera des années. Jusqu'à la rencontre de Joe, la mère de ses deux derniers enfants, Nicolas et Victoria, dont il dira être, pour eux, un « père-mère ». Dans l'un de ses sketchs, il ironisera : « Je suis un père goy avec des réflexes de mère juive. » De l'amour, il en déborde, il occupe même toute la place. Les enfants, devenus adultes, devront batailler contre lui – Nicolas en particulier, le fils évidemment – et encore une fois *tout contre*, dans une rivalité teintée de passion et d'admiration réciproque pour s'imposer à ses yeux dans des métiers artistiques. Ne pas le détrôner trop vite. « Ça veut quand même dire "je t'aime" d'avoir choisi des métiers proches du mien. C'est ainsi que je le vois. Et puis, nous voulons nous épater mutuellement », conclut-il.

L'éviction du père, le sien, lui laisse une blessure, jamais refermée. « Ma mère a permis que son second mari me gâche mon enfance, confie-t-il. Parce que mon beau-père battait ma mère. Elle se vengeait d'ailleurs en me battant avec des cintres, des objets lourds même parfois. Bref, on me tapait.

— Vous vous considérez comme un enfant battu ?

— Ah ben tiens ! », s'exclame-t-il, suffoqué. Il se redresse d'un mouvement vif comme si la question l'avait sorti d'un mauvais songe. « Ben oui ! Je ne suis que ça. Mais on m'a frappé d'une façon… » Sans finir sa phrase, il reprend : « Pas lui, lui, je pouvais le tuer. D'ailleurs, j'ai failli. » Un jour qu'il était en train de faire la cuisine, Guy Bedos entend sa mère crier dans une pièce à côté. « Ils s'engueulaient, puis il l'a tapée. J'ai pris un couteau à viande et je l'attendais. J'avais 10 ans. Un moment, il ne sortait pas, j'ai planté le couteau dans la porte. S'il était sorti, il l'aurait eu dans le ventre. » Il mime le geste et grimace un « aïe », se revoyant planter la lame. « On m'aurait mis en maison de correction si je l'avais tué. J'étais trop jeune pour aller en taule.

— L'humour a joué l'effet d'un baume ?

— C'est un exorcisme, c'est une façon de brûler tout ça. »

Soudain, il s'interrompt sur sa lancée : « C'est ridicule à mon âge de vous raconter mes histoires d'enfant. Là, je suis grotesque.

— Il n'empêche que vous les revivez comme si c'était hier ?

— Oui. Parce que je n'oublierai jamais. *Jamais*. Et je ne pardonnerai jamais. »

Je lui fais remarquer qu'il serre les dents quand il dit ça.

« Oui, c'est la violence de mon enfance, une violence qui n'a pas pu s'exprimer totalement, qui remonte. »

Brouilles, réconciliations, fâcheries, la relation mère-fils n'a été qu'une suite ininterrompue de conflits et de rabibochages, d'amour non dit aussi, ou alors exprimé très tardivement. Un jour, sa mère lui avait envoyé une lettre dans laquelle elle lui confiait que si elle avait pu se montrer « un peu brusque » avec lui, c'était au motif qu'il « l'intimidait ». Elle admettait n'avoir pas su « comment » lui parler. Était-ce son éducation bourgeoise qui la corsetait, au point de la rendre incapable de trouver les mots justes ? Elle hantait ses sketchs. Mais qu'on ne s'y trompe pas, lorsqu'il la brocardait en public, ses pointes signifiaient : « Je t'aime. » C'est ainsi qu'après coup il analysait leur relation passionnelle faite d'un mélange d'amour et de haine. « Quel gâchis ! », s'exclame-t-il au regard de leurs différends passés. Il suffisait d'une mésentente entre eux pour qu'elle soit au centre de ses conversations. Il en sera ainsi toute la vie. Il lui faudra attendre pratiquement que sa mère, alors âgée de 95 ans, soit au plus mal pour que la concorde se fasse. « Nous étions en froid depuis plusieurs années. Quand j'ai su qu'elle était malade, je n'ai pas pu… » Il éprouve alors le besoin vital de briser le silence et de passer outre leurs divergences. « Et je me suis rapproché d'elle, dit-il. Je n'ai pas supporté sa mort. Mais alors, si j'avais été fâché avec elle et qu'elle meure, dans mon dos si je puis dire, je l'aurais très mal vécu, poursuit-il, entre amusement et tristesse, avant de reprendre : elle m'a dit qu'elle m'aimait… la veille de sa mort. Elle était très pudique !

— Vous attendiez ce moment ?

— Oui. Toute ma vie, je l'ai attendu », répond-il, presque sans voix, après un long silence. Cet aveu me bouleverse. Même si Guy sait comme personne me provoquer le rire ou les larmes, je n'ai pas l'habitude de le voir aussi démuni.

Le temps aidant, les griefs du fils pour la mère se sont estompés, l'affection filiale l'a emporté.

Lorsqu'elle a fermé les yeux pour toujours, il avoue s'être senti « un peu orphelin ». Des derniers instants qu'elle a vécus, il a tiré une leçon, à savoir que pour rien au monde il ne voudrait connaître la décrépitude qui, sur la fin, a été la sienne. À la faveur de la sortie de son livre au titre explicite

Le Jour et l'Heure en 2008, il martelait déjà dans mon émission *Vie privée vie publique* : « Je ne veux pas être dépendant. Je veux rester dans mon autonomie absolue. Là, pour le coup, c'est de l'orgueil, de la coquetterie. Je plaide pour le droit de mourir dans la dignité. C'est à chacun de décider s'il a envie de faire tout le chemin ou s'il veut sauter en marche. »

Préférer la qualité de la vie à la longévité, pouvoir demander à dire stop, en toute légalité, quand les souffrances physiques et mentales sont intenables, m'a toujours semblé inhérent à une société évoluée. Un choix strictement individuel qui n'empiète aucunement sur la liberté de l'autre, au même titre que l'avortement. Nous en parlions souvent en privé, car Guy savait que très tôt je m'étais engagée dans ce combat. J'y avais d'ailleurs consacré plusieurs émissions dès les premières de *Bas les masques* en 1992. Une phrase de ma mère, institutrice, très attachée aux devoirs mais aussi aux droits, avait agi comme un électrochoc dans ma jeunesse : « On a plus de compassion pour un animal que pour un être humain. Quand on ne peut plus rien faire pour un chat ou un chien et qu'il souffre trop, on trouve normal de l'euthanasier. » Ce condensé de provocation en toute bonne foi et presque en innocence au regard nonobstant de toutes les questions éthiques, de la part d'une femme née en 1913, avait frappé Guy qui aimait beaucoup ma mère. Avec Joe, ils étaient venus à la maison, attendris, lui souhaiter ses 100 ans. Cinq jours auparavant, le 23 décembre 2013, je filmais, émue, l'au revoir de l'artiste à ses spectacles. Il saluait, pour la dernière fois, son public et ses amis sur la scène de l'Olympia, entouré des siens. Fidèle à lui-même, il terminait son spectacle par un : « *Comediante ! Tragediante !* » Un art dans lequel il était orfèvre. « La vie est une comédie italienne », ajoutait-il. Et puis, le rideau est tombé.

Huit ans plus tard, Guy tirait vraiment sa révérence. Pas de pierre tombale, mais un carré de granit ocre et de terre parsemée de fleurs du maquis corse et de ces fameuses immortelles. Joe a fait construire en bordure un banc de pierres sèches à l'image de ces petits murets où les habitants de l'île aiment se retrouver pour se parler des uns des autres, dans les villages. Pour tous ceux qui aimeraient continuer à converser avec lui. Guy, quant à lui, a choisi de faire graver dans un dernier clin d'œil : « Je dors enfin. » Au cimetière de Lumio, pendant l'enterrement où famille et amis s'étaient réunis, je ne pouvais m'empêcher de penser aux phrases exaltées de Guy, à la fin de notre entretien : « La liberté de mourir dans la dignité, oui, mais d'abord la liberté de vivre dans la dignité. C'est très important et c'est lié tout ça. Par amour de la vie, de la vraie vie. Que vaut cette vie ? Ça sert à quoi de vivre ? Si ce n'est pas une vie qui se prouve, une vie qui sert et qui sert aux autres aussi… » Et il ajoutait : « Je suis là… Je suis là à plaider pour le droit de choisir sa mort… mais d'une certaine manière, moi, je voudrais l'éternité. » Et il a souri.

KAD MERAD

« “Beurrichon” et fier de l’être ! »

« Nouvelle émission, nouveau décor, nouvelle coiffure… » C’est ainsi que débute ma première émission hebdomadaire *Vie privée vie publique* en septembre 2009, présentée par un Kad Merad tout souriant et surtout auréolé de ma chevelure bouclée. Et pour cause je suis derrière lui ! C’est le genre de blague potache qui m’amuse, même si je dois confesser ne pas en avoir abusé !

Mais qu’on ne s’y trompe pas. Comme la plupart des comiques, Kad Merad est un angoissé. Le rire, sa seconde nature, lui sert d’exutoire. Le succès foudroyant de *Bienvenue chez les Ch’tis* en 2008, dans lequel il partage la tête d’affiche avec Dany Boon, marque un tournant dans sa vie : sa cote explose, son compte en banque aussi. Plus besoin désormais d’aller faire la file d’attente pour quémander un découvert au guichet, comme il le confie. « Mon luxe aujourd’hui, c’est de ne plus être angoissé par l’argent », un sujet qui l’a rendu « très malheureux ».

Il n'en a pas pour autant fini avec les tourments intérieurs. L'idée que tout pourrait s'arrêter un jour le perturbe. Parce qu'il manque de certitudes, malgré les succès qui se sont enchaînés. Les premiers temps, comme on le reconnaissait dans la rue et qu'on lui demandait des autographes, il avoue avoir pris la grosse tête. Cela lui a passé.

Dès l'enfance, il a découvert l'attrait que pouvait exercer le rire sur les gens. « J'étais le clown de la famille. » Au collège, il joue une pièce de théâtre au réfectoire et se paie un succès « incroyable ». Pourquoi, comment lui sont venues ces dispositions ? Kad Merad ne cherche pas midi à quatorze heures. « Je faisais marrer mes potes, répond-il simplement.

— Ce n'était pas pour faire rire les filles ?

— Non, pas les filles à ce moment-là. Ça faisait juste marrer les potes. Les filles, c'est maintenant, à la limite, que ça les fait rire. C'est aujourd'hui que j'ai du succès. »

D'une absence de belle gueule de jeune premier, il a fait son moteur, sans en développer forcément un complexe. « Mon physique m'a fait travailler et me fait exister. Ma calvitie me fait travailler, mon nez un peu tordu me fait travailler, ma tête me fait bosser. » Il brasse l'air des deux mains, manière de dire : « Ce n'est pas un problème. »

L'humour sera son atout. Au Club Med, il se produit en tant que batteur, chanteur, ambianceur. « C'est là où j'ai commencé à avoir un peu de succès auprès des filles. Le rire remplace le charme et la beauté, je crois. L'humour est une forme de beauté. »

Kad Merad atténue souvent son langage sur le mode « un peu », « je crois », de crainte d'émettre un avis trop tranché, de heurter aussi peut-être. Une période d'échauffement lui sera nécessaire pour évoquer ses parents, qui, lorsqu'il était petit, ne lui lisaient pas d'histoire le soir avant de s'endormir. « Ils n'avaient pas le temps. On était quatre déjà. Donc ce n'était pas possible. » Son père est Algérien, sa mère Berrichonne. Lui se définit comme « Beurrichon ». « J'estime avoir vraiment les deux origines en moi, même si mon père algérien ne nous a jamais imposé ni les traditions, ni la religion. Ma mère était un peu anticléricale, j'ai envie de dire. Et mon père pas du tout musulman. On vivait en France. On était Français. »

Quand il parle de ses origines et du milieu dans lequel il a grandi, le masque comique tombe, le sérieux reprend le dessus.

« C'est ma maman, Jeanine Béguin, qui a dit à mon père Mohamed Merad : "Je veux que mes enfants aient des prénoms algériens." Je pense que ma mère, par amour pour mon père, a dit : "Je vais les appeler Kaddour, Reda, Yasmina, Karim." Mon père, lui, aurait bien aimé qu'on ait des prénoms français.

— D'autant que, en arrivant en France, si je ne me trompe, votre père a changé de prénom ?

— Oui, il s'est fait appeler Rémy. »

Ouvrier spécialisé dans une usine de la Loire fabriquant des wagons de marchandises, il gagne ses galons au mérite et devient chef d'équipe. « Mon père est très discret, là-dessus, confesse Kad. Parce qu'à l'époque, à la différence d'aujourd'hui où on revendique beaucoup plus d'être un Algérien, un Marocain, un Maghrébin ou un Africain…

un étranger, bref, à l'époque on essayait de ne pas déranger, on voulait ne *pas* déranger. Avoir un prénom arabe et diriger des Français, je crois que ça le gênait. C'est ce qu'il a essayé de m'expliquer. Il pensait que ça les dérangerait moins, eux, de se faire diriger par un Français que par un Algérien. » Pas certain de se faire comprendre, il ralentit le débit, hésitant sur le mot juste pour nommer la difficulté à « s'intégrer ». « Donc c'était plus simple de se faire appeler Rémy. »

La question du racisme vient instantanément à l'esprit. Quand je lui demande si, enfant, il en a souffert, il écoute attentif, hoche la tête, l'air de dire « la réponse ne va pas de soi », puis il concède :

« Moi, j'ai eu le choix à un moment donné de changer de prénom. Kad, c'est Kaddour en vérité. J'ai simplement coupé mon prénom (il joint le geste à la parole) pour que ça sonne un peu moins… » Sans finir sa phrase, il poursuit : « Quand j'ai commencé à faire de la radio en banlieue, à l'époque à Évry, on m'a fait comprendre que Kaddour, ça faisait trop MJC, ça faisait trop Algérien, trop… » Il cherche le mot et finit par dire : « Trop banlieue ! »

« Kaddour a été un frein à plusieurs reprises, développe-t-il. J'ai souffert de ça, moi, quand j'ai commencé à faire des cours de théâtre. Dès que je me suis retrouvé dans des castings et qu'on a vu mon nom, on m'a plutôt orienté vers des rôles d'Arabe. Mon premier rôle à la télé, c'était dans une émission qui s'appelait *Tribunal*. Je m'appelais Hamed Ben Mabrouck. C'était mon premier personnage. J'ai dit "bon d'accord, OK". »

Il comprend alors que le chemin à parcourir pour être acteur « tout simplement » et jouer tout ce qu'il voudra sera long, très long. Un jour, le rôle de François Ier lui est proposé dans un téléfilm. Alors qu'il jouait Alceste au théâtre, le rôle principal du *Misanthrope*, le producteur du téléfilm, qui ne connaît pas son nom, le félicite à l'issue du spectacle. « Donc j'étais content, relate Kad Merad. Mais après avoir regardé de près la distribution, il s'exclame : "Il s'appelle Kaddour Merad, Alceste, là ? – Oui. – Ah ! mais ça ne sera pas possible de voir écrit sur le programme télé : François Ier joué par Kaddour Merad." À ce moment-là, j'ai flippé. » Et il poursuit, reprenant le sourire : « J'ai voulu alors m'appeler François Kaddour. »

Après tout, pourquoi ne pas prendre un pseudonyme ? Il envisage même, un instant, de s'appeler François Béguin, le nom de jeune fille de sa mère. « Je me suis regardé dans la glace, j'ai dit : "François Béguin, ça va ?" » Il mime la scène comme s'il y était, en riant de bon cœur et en se moquant de lui-même. Il se dit qu'il ne va pas revivre l'histoire de son père, quarante ans plus tôt. De fait, les années passant et le succès grandissant, il n'a « plus souffert après » de ce genre de remarques. Même s'il tient à préciser que « malgré les Rachida Dati, malgré les Zinedine Zidane, malgré les Djamel Debbouze, on continue d'avoir beaucoup "ça" au quotidien pour trouver du travail, un logement… ». On l'aura compris, Kad Merad, par pudeur, nomme le racisme déclaré ou latent « ça », ou encore « le problème ».

Je lui fais remarquer que dans les films, il incarne souvent le Français type, la baguette de pain à la main, le béret sur la tête… Il acquiesce : « Oui, oui, je suis un bon Français, un bon vieux Français. » Et d'ajouter : « Je ne suis pas en train de faire des efforts pour jouer le Français, je suis un Français moyen.

— Maintenant que vous avez fait ce parcours formidable, est-ce que vous reprendriez ce prénom de Kaddour ?

— J'y ai pensé cent mille fois », dit-il dans un sourire de triomphe, avant de poursuivre d'un trait : « Mais je ne le ferai pas… Parce que là, ce serait trop provocant. Je veux bien dire des choses, en parler, mais je ne peux pas le revendiquer à ce point-là, parce que moi je n'ai pas été élevé comme ça. »

Revenant sur le choix de sa mère d'attribuer des prénoms algériens à ses enfants, il s'enthousiasme à l'évocation de cette audace maternelle. « C'est une forme de rébellion vis-à-vis de ses parents à elle qui ne sont plus là, malheureusement, mes grands-parents. Mais je pense qu'elle a dû souffrir un peu de vivre avec Mohamed à l'époque. On était près de Bourges, je ne sais où, dans une petite ville des alentours, à l'époque où les Algériens étaient les Algériens, quoi, c'étaient les immigrés. » Il écarte les bras pour en souligner l'évidence, tout en poursuivant : « Moi j'analyse ça comme ça. Mais on ne parle pas beaucoup de ces choses-là avec nos parents, vous savez. Il y a beaucoup de pudeur. Mon père en a énormément. »

J'acquiesce : « C'est effectivement souvent le cas. » N'est-ce pas ainsi que se construisent les secrets de famille ?

Kad Merad a mis du temps avant d'en savoir plus sur ses parents. « Ça a été long. J'ai 45 ans. Ils ont dû beaucoup être confrontés à ce problème-là... du racisme. » Il prononce le mot pour la première et unique fois dans l'entretien. Au-delà de la retenue qui le caractérise, je sens qu'il recherche l'union plutôt que la rébellion et la discorde.

« Et votre relation avec l'Algérie ? »

Le menton maintenu par la main droite, les yeux fermés, il prend un temps de réflexion avant de répondre : « J'ai des souvenirs extraordinaires de grandes vacances. On prenait l'Ami 8, la remorque, ma petite sœur qui dormait sur la plage arrière parce qu'elle était toute petite, les trois mômes derrière, mon père qui fumait, pas de clim', vous imaginez... » Tel un aiguilleur réceptionnant un avion sur le tarmac, il agite les deux mains l'air de dire « Ça traçait », puis poursuit intarissable : « On faisait trois jours de voyage et on arrivait à un petit village qui s'appelait Ouled Mimoun, en français "la Moricière", où il y avait mes grands-parents, ma famille, une ferme – ils avaient une ferme mes grands-parents. Et puis les odeurs, la vie, le couscous, à manger tous dans la même pièce, mes cousins en train de faire de la musique, toujours de la musique, la joie, quoi ! Ma tante tenait un hammam. J'ai énormément de souvenirs très agréables de l'Algérie. C'est un beau pays en plus, les Algériens sont des gens adorables, gentils qui subissent juste un régime difficile, un gouvernement pas facile ; enfin la vie politique là-bas, c'est un enfer. »

Il allait continuer sur sa lancée, mais bien vite, il se ravise, la politique étant un sujet trop scabreux pour s'y hasarder. « Je suis très mauvais, se contente-t-il de dire. J'ai du mal à m'y intéresser. » Pourtant, quand Nicolas

Sarkozy, président de la République, le sollicite pour lire la Déclaration universelle des droits de l'homme lors de la cérémonie du soixantième anniversaire, en 2008, en présence du président égyptien Hosni Moubarak, du syrien Bachar El Hassad, et d'autres sommités du moment, Kad Merad accepte de bon gré. « Vous ne pouvez pas imaginer le nombre de gens qui ont voulu m'en dissuader, en me disant : "Mais tu es fou, tu ne te rends pas compte. Ça va être récupéré politiquement." Tout ça. » Faisant celui qui fait reculer la foule d'un va-et-vient des bras, il raconte : « J'ai dit : "Attendez, attendez, *put the gun down, hey men !* On me propose quelque chose que je n'aurai sans doute jamais l'occasion de refaire dans ma *vie*." J'ai pensé à mes parents aussi, à mon père, évidemment... Quand je lui ai dit par téléphone : "Tu ne sais pas ce qu'on m'a demandé, papa ?..." Je crois qu'il est devenu fou. Il était tellement fier ! » Il mime la scène, aux anges, la main droite à l'oreille comme s'il tenait le combiné du téléphone et poursuit : « Évidemment quand il m'a vu à la télé, il m'a pris en photo. Ça, c'est son grand truc : la photo, la télé et son fils dedans. »

Commentant sa prestation que nous regardons ensemble, il lance : « Je brille de la tête, je suis trop bien rasé, j'ai un costard de ouf ! Le texte est un enfer, je l'ai lu un million de fois. Parce que je ne sais pas si vous l'avez déjà lu, le plus difficile pour faire passer un texte, c'est déjà de le comprendre soi-même. J'avoue que je ne comprenais pas tout. Il a fallu que je le dissèque, que je le décortique. C'était très dur. Et en même temps, j'ai kiffé ! Vous n'imaginez pas, vous êtes seul *au monde* à ce moment-là. Il n'y a que vous devant toutes ces télés du monde, devant tous ces présidents au garde-à-vous devant vous. Vous êtes sur la place de la Concorde, pendant deux minutes, vous êtes le seul, j'aurais pu dire « biloute » au milieu de la phrase si je voulais. C'était un peu le délire, un truc de fou. On retient son souffle… » Puis, il ajoute : « Mais, je ne fais pas de politique. »

Sans reprendre son souffle, exultant, il poursuit, toujours avec le souci d'être au plus près de ce qu'il ressent, de ne pas tricher : « Maintenant je voudrais m'intéresser plus à la politique parce que j'aimerais bien, de temps en temps, échanger sur le sujet avec un discours construit. Il y a des gens qui arrivent à parler des problèmes de société avec une force de conviction… Je trouve ça extraordinaire. C'est une lacune pour moi. C'est le manque d'éducation scolaire, de culture. C'est pour ça que je dis aux enfants et notamment aux jeunes dans les banlieues qui s'imaginent tous qu'on peut devenir Zinedine Zidane : c'est qu'ils peuvent aussi devenir des médecins, des avocats, des banquiers, des bouchers, des charcutiers. Mais il n'y a qu'une seule façon d'y arriver, ce sont les études. Et là, je ne fais pas le vieux con. Avec mon fils, je pense que je vais vraiment être difficile parce que moi j'ai vraiment des lacunes. J'ai arrêté en seconde. J'ai fait un BEP de commerce. Au début, j'ai travaillé au BHV comme vendeur, j'ai aussi vendu des encyclopédies Universalis, je répondais aux annonces. Heureusement que j'ai réussi à être acteur, sinon je serais sans doute un pauvre type qui n'a pas les moyens, qui ne vit pas bien, parce que je n'ai pas fait d'études. C'est un message qui est important pour moi. Merci de m'avoir aidé à le faire passer. »

CHARLES AZNAVOUR

« Une insatiable curiosité »

J'ai grandi avec Brel, Brassens, Ferrat, Piaf, Ferré, la Callas et quelques grands airs d'opéra et de musique classique. C'étaient les disques qu'écoutait ma mère. Le jazz aussi, Louis Armstrong, Sidney Bechet, Ray Charles qui passionnaient mes frères aînés. Aznavour, je l'ai découvert par la suite et me suis demandé comment nous avions pu passer à côté d'un tel artiste. Jean Cocteau disait de lui : « Il rend le désespoir populaire. » Rien de plus vrai. Il vous entraîne par ses rythmes et en même temps, il vous tire les larmes.

Un jour, en 1996, j'apprends qu'il part en Arménie donner un concert à l'occasion de la commémoration du cinquième anniversaire de l'indépendance du pays qui a vu naître ses parents. Contact pris avec son agent, me voilà embarquée avec lui, ses choristes – dont sa fille – et ses musiciens, pour la capitale Erevan, avant même d'avoir trouvé un diffuseur pour ce portrait-documentaire que je propose de réaliser. C'est dans le hall de l'aéroport que nous nous sommes rencontrés pour la première fois, moi le suivant avec un cadreur, lui tenant une caméra dernier cri, debout sur un chariot à bagages, filmant tout ce qu'il voyait ! Nous avons fait connaissance dans l'avion. Simplement.

C'était son cinquième ou sixième voyage en Arménie ; il avait effectué le premier en 1963. Il n'y allait pas souvent. « J'ai toujours pensé qu'on était plus utile à l'extérieur qu'à l'intérieur, commente-t-il, avant d'expliquer : ce n'est pas mon pays. Disons que tout être a une âme et un cœur. Alors, j'ai un peu de mon cœur en Arménie, mais mon âme est française. » Pendant ce séjour de quelques jours, Charles Aznavour est reçu avec les honneurs d'un chef d'État, rencontrant le président de la République, visitant des écoles et des orphelinats. La ville, secouée par un tremblement de terre meurtrier huit ans plus tôt, en portait encore les stigmates. Il a un emploi du temps surchargé. Dans les rues, au marché, on l'apostrophe, on l'applaudit, on veut le toucher. Une femme se jette sur lui pour l'embrasser : « L'unique rêve de ma vie : vous voir pour de vrai. » Un inconnu lui offre un fruit. « Bienvenue, tu es la fierté de notre Arménie. » Il remercie dans la langue du pays, mais tient à préciser : « Je ne parle pas couramment arménien, il me manque énormément de mots. » Qu'il soit accueilli tel un « demi-dieu » le laisse plutôt placide : « Ils sont beaucoup plus expansifs que je ne le suis. Moi je suis un être froid par rapport aux Arméniens. »

L'heure du concert, retransmis en direct à la télévision, approche. La salle est bondée. Je lui demande ce qu'il ressent.

« Rien, je vous le dis franchement.

— Ça fait trente ans que vous n'avez pas chanté ici, vous ne ressentez rien ?, lui dis-je étonnée par sa réponse.

— Non. À partir du moment où j'entre sur la scène, j'entre dans un théâtre déjà, ce n'est qu'un théâtre. Et quand j'entre sur la scène, c'est un trou noir devant moi. Le public, lui, ne me parle dans aucune langue. » Que les applaudissements soient arméniens, français ou autres, « ils ont tous le même accent ».

« Vous allez décevoir tout le monde en disant cela.

— Vous savez, la pire des choses, c'est de raconter n'importe quoi. Je ne suis jamais arrivé dans une ville en disant : "Ah ! vous savez, comme je suis heureux de me retrouver au Havre… ou à Rouen !" Je ne l'ai jamais fait. Je ne le ferai jamais parce que ce n'est pas vrai. C'est une sorte de mensonge au public qui est insupportable. »

Cependant, pas question de renoncer à son engagement pour l'Arménie : « Tant que je pourrai, je continuerai. » À la France qui a reconnu le génocide arménien, il dit : « Bravo et merci. » Cependant, il attend que la Turquie fasse de même. « Nous buvons à la santé, les Juifs boivent à la vie, les Turcs boivent à l'honneur. Mais l'honneur serait de le reconnaître. »

Ses ancêtres viennent de ce pays meurtri. Le génocide de 1915 pousse ses parents à s'expatrier à Salonique en Grèce, puis ils s'installent à Paris. « Mon père se produisait quand il y avait des bals arméniens, russes ou juifs, parce qu'il chantait dans beaucoup de langues. À part ça, il travaillait dans les restaurants. Et ma mère, en dehors du fait qu'elle jouait la comédie une fois tous les dix ou quinze jours dans des pièces arméniennes, faisait dans la couture et la broderie. »

Malgré cette lignée, il certifie ne s'être « jamais senti immigré », revendiquant être un « artiste français d'origine arménienne ». « Je suis un Parisien et ça, on ne peut pas l'enlever, c'est définitif. » Enfant, il éprouve au fond de lui le besoin impérieux de « devenir un meilleur Français que les petits Français eux-mêmes ».

Ses parents tirent le diable par la queue. Il dit pour autant n'avoir « pas connu la grande misère. La pauvreté, oui. Mais pas la misère qui est l'étage au-dessous ». Plaie d'argent n'est pas mortelle, mais elle conditionne un mode de vie. À 10 ans et demi, il quitte, contraint et forcé, l'école. « Vous savez, à l'époque, l'instruction gratuite, c'était jusqu'au certificat d'études. Après, ça coûtait de l'argent. On n'en avait pas les moyens. Alors, j'ai fait du théâtre, j'ai travaillé. » Question de « survie ». Il note ça comme un fait acquis, sans regret et sans amertume. Quand viennent ses premiers succès publics, on le dit enfant prodige. « J'étais toujours le plus mauvais des enfants prodiges », précise-t-il facétieux.

Bien qu'ayant le « certif' » en poche, il garde un embarras de ne pas avoir usé plus longtemps ses fonds de culottes sur les bancs d'établissements scolaires. « Oui, ça gêne toujours. Ça m'a gêné dans l'écriture. Quand il faut tout apprendre après, c'est beaucoup plus difficile. Il a fallu parfaire. Lorsqu'on m'interviewe comme ça, j'ai un peu de retenue, parce que j'écris mieux que je ne parle. »

Je lui demande comment il a réussi à maîtriser aussi bien la langue française, alors qu'il a quitté l'école si jeune. « Il y a le besoin de se réaliser. C'est important le besoin de se réaliser. Je n'avais pas envie de devenir un petit tailleur arménien. » Il émet un rire sonore à l'expression qu'il vient d'utiliser. « Pas envie de devenir non plus un épicier arménien. Ce sont des métiers nobles, ce n'est pas ça la question. Mais moi je n'en avais pas envie. »

Après le documentaire intitulé *Journées particulières*, Charles Aznavour a accepté d'être mon invité en plateau à plusieurs reprises. À chaque fois, j'avais l'impression de reprendre le fil d'une conversation ininterrompue avec quelqu'un qui m'était devenu familier. Il est donc revenu, toujours avec la plus grande simplicité, répondant à toutes les questions sur sa vie et sa carrière, notamment en mai 2008.

« La rencontre avec Édith Piaf, c'est une rencontre déterminante ?

— Déterminante…

— Une amitié amoureuse, vous l'avez définie comme ça.

— Automatiquement, c'est ce qu'on peut dire. D'ailleurs, c'est le terme que j'employais quand je parlais avec les Américains. Quand ils disaient : “Piaf et vous ?” Je disais : “C'est de l'amitié amoureuse” et pour mieux l'expliquer je disais : “C'est moins que de l'amour et plus que de l'amitié.” Elle a toujours voulu que je la tutoie. Et je n'ai jamais pu. J'avais beaucoup trop de respect pour elle. Mais elle me tutoyait.

— C'est vrai qu'il y avait entre vous des disputes légendaires ?

— Oh ! elle m'a foutu à la porte à New York. Elle m'a dit : "Tu t'en vas." J'ai dit : "Je n'ai pas de billet." – "Je vais te le donner." Elle me tend le billet. Et j'ai pris le bateau. Et une fois sur le bateau, j'ai reçu un télégramme où elle me disait : "Tu me manques déjà." Elle était comme ça.

— Pourquoi vous a-t-elle fait partir ?

— Parce que j'avais aimé une pièce de théâtre qu'elle n'avait pas aimée. Si on n'était pas d'accord sur un film, sur une chanson, c'était la brisure. Automatiquement. Non mais, ce n'est pas parce que c'était Édith Piaf et que je la vouvoyais que je n'étais pas têtu. J'étais têtu, elle l'était aussi, alors… » Joignant le geste à la parole, il frappe ses poings l'un contre l'autre. « C'est le choc des grands ! »

J'évoque l'anecdote de leur première rencontre. Il débute dans la chanson. Elle lui propose de l'accompagner en tournée. « D'accord, lui répond-il, avant d'ajouter sans se démonter : Combien ? »

« Elle m'a dit : "Bougre de salaud. Pour venir avec Édith Piaf, il y a des gens qui paieraient et tu me demandes : Combien ?" Je lui dis : "Faut bien que je vive." J'avais une femme et un enfant. Il fallait les nourrir. Elle m'a dit : "Quand on fait ce métier, on ne se marie pas !"

— Vous êtes le seul artiste qui n'ayez jamais eu de complexe avec l'argent. Le talent a un prix, c'est cela ?

— Je ne vis pas pour l'argent. Je ne travaille pas pour l'argent. Mais j'aime gagner mon dû. » Il rythme son propos du doigt pour bien se faire comprendre. « Il n'y a aucune raison qu'un producteur gagne plus que moi sous prétexte qu'il est producteur puisque c'est moi qui attire le monde. Mais quand il faut faire les choses gratuitement, je suis aussi un des premiers.

— Quand vous dites : "Mon dû", c'est quelque chose qui reste de l'enfance, Charles ?

— Peut-être pas… » Il réfléchit, l'index gauche tourne comme pour l'aider à dévider ses souvenirs. « Peut-être qu'en devenant Français, parce que je le suis devenu petit à petit, j'ai pris un petit peu le côté terroir. "Mon dû." C'est ce que le paysan dirait, c'est ce qu'aurait dit Fernand Raynaud.

— Est-ce que vous aviez la sensation, enfant, de manquer d'argent ?

— On l'a peut-être eue de temps en temps, dit-il englobant la famille. Il nous est arrivé qu'on mette du papier bleu devant la porte parce que les huissiers allaient enlever les meubles. C'était la honte, surtout, qui nous embêtait. Mais mon père s'est toujours arrangé pour que je puisse déchirer le papier et qu'on puisse payer tout de suite, d'une manière ou d'une autre, pour garder les meubles.

— C'est cette honte de l'huissier qui est restée en vous ?

— Ah ! oui… Oui… » Il écarquille les yeux, comme un enfant saisi d'effroi. « La honte d'être malhonnête. Et on ne l'était pas. C'est la raison pour laquelle je suis si proche des gens à qui ça arrive aujourd'hui. J'ai connu ça. Parce que c'est vrai, on a manqué de tout, mais on a fini par *tout* avoir. Moi, j'ai eu des moments de folie dans ma vie, on le sait. Je m'achetais une Rolls, j'étais heureux… J'avais un chauffeur, un Anglais, avec un parfait accent et une parfaite tenue de chauffeur de Rolls. Quand je lui disais : “William, voulez-vous emmener mon père à tel endroit…” J’étais ravi. Et mon père l’était aussi.

— C’était une revanche sur l’enfance ?

— Non, il ne faut jamais dire revanche. Vous savez, les jeunes gens de banlieue, dès qu’ils ont de l’argent, il leur faut un toit pour la famille, j’ai remarqué. Ils ont vécu dans quinze, vingt mètres carrés… ils achètent immédiatement quelque chose. En tout cas, ils se sentent tranquilles d’avoir mis les parents dans un endroit sûr. À partir de là, ils font parfois quelques folies.

— Comme vous qui, à un moment donné, avez eu cette folie des grandeurs…

— Ouiiii… Des chevaux… Et puis un sulky… Et de traverser le village tout près de Paris avec mon petit cheval qui trottinait… Oui, je me faisais *très* plaisir, insiste-t-il comme s’il revivait la scène. Je continue à me faire plaisir. Lorsque j’ai fini de gagner ma soirée, je dis à ma femme : “Je vais aller dépenser de l’argent.” Parce que cet argent gagné doit rouler. Jamais il ne me serait venu à l’idée de thésauriser au point, vraiment, de gratter et de ne rien m’acheter. Je m’achète tout ce que je veux, et je ne refuse rien aux miens.

— C’est tout de même une façon de faire un pied de nez à l’enfance, cette superbe réussite ?

— Je ne suis pas d’accord avec vous. C’est perpétuer son enfance », me répond-il, soucieux de bien se faire comprendre. « Je crois qu’il faut garder, et le regard, et le vocabulaire de l’enfance aussi longtemps qu’on pourra le faire. Je vois les choses avec les yeux de l’enfant. Quand je vais acheter quelque chose qui ne me servira strictement à rien, qui va rentrer dans un placard au bout de deux jours, c'est l'enfant, c'est Noël tous les jours. »

Revenant sur sa carrière exceptionnelle, je lui demande s'il a tout de suite su qu'il serait artiste – chanteur et comédien.

« Comédien !, s'exclame-t-il, en opinant du chef, pour bien montrer que c'était sa vocation. La chanson, je ne connaissais pas. Même si mon père était chanteur. La chanson, ce n'était pas mon monde. Pas du tout, même. L'écriture, non plus. Moi, je voulais être comédien, eh bien ! j'ai raté ma vocation. J'ai réussi dans d'autres choses.

— Vous avez réussi dans quelques jolis films, quand même ?

— Oui, mais ça, c'est parce que lorsque j'en ai fait un où je jouais la comédie, on a dit : “Ah ! pour un chanteur, il n'est pas mal.” On ne savait pas que c'était le but que j'avais dans la vie d'être comédien. En revanche, j'ai lu. Le théâtre... J'ai lu tout Molière, tout Corneille, tout Racine, tout Aristophane, tout Shakespeare, tout Sacha Guitry, mais vous ne pouvez pas savoir. J'ai une bibliothèque énorme. Les gens qui voient cette bibliothèque sont étonnés. Ils me disent : “Vous avez lu tout ça ?” Ce que je n'ai pas lu, en tout cas, je l'ai parcouru et je continue à apprendre. Je ne me couche pas le soir sans avoir appris quelque chose. »

Plus tard, il reviendra sur sa manie compulsive d'acheter des livres « au mètre ». « Je regarde la télévision, j'écoute la radio, j'entends des gens qui disent que tels livres sont intéressants. Je vais les acheter immédiatement. » Puis, il les range dans la partie des livres « non lus » de sa bibliothèque. « Et petit à petit, je vais chercher ceux que j'ai envie de lire. »

On se souvient qu'à ses débuts dans la chanson, Charles Aznavour a essuyé des critiques à propos de sa voix éraillée. À quel moment s'est-il dit qu'elle pouvait être un atout pour faire carrière ?

« J'y ai toujours cru. Je n'étais pas sûr de faire une carrière, me dit-il. Mais j'ai toujours cru que la voix n'avait pas d'importance dans le genre de chansons que je voulais chanter.

— Vous avez été complexé dans votre jeunesse ?

— J'ai dû être complexé quarante-huit heures parce que je n'étais pas grand. Quand je me suis fait opérer du nez, vous savez bien que je parle toujours de ce qui m'est arrivé, je le trouvais très bien mon nez, je le trouvais non seulement bien, mais, en plus, il m'aidait beaucoup : quand je passais dans un couloir pas très épais où il y avait une jolie dame qui devait passer, je lui faisais : "Je vous en prie." » De la main droite, il se tord la pointe du nez comme si sa proéminence gênait le passage. L'explication mimée me fait éclater de rire.

« Vous ne manquiez pas d'humour...

— Ça la faisait sourire, et souvent ça aidait beaucoup pour aller plus loin...

— C'est vrai, vous étiez tombeur et séducteur ! ?

— Quand j'étais jeune.

— Ce nez, alors, pourquoi l'avoir fait remodeler ?

— Une amie de Piaf à New York a dit : "Ton blase, là, tu devrais l'opérer… !" Et Piaf a ajouté : "Ah ! oui, tu devrais le faire." Et c'est pour faire plaisir à Édith que je me suis fait opérer. Mais je ne l'ai pas fait pour moi.

— Cela a-t-il eu une incidence sur votre carrière ?

— Oui. À l'époque, chanter des chansons d'amour avec un nez comme ça, ce n'était pas possible.

— Pour le grand séducteur que vous êtes, Charles !

— Je crois que j'ai été grand séduit. Ma timidité ne me permettait pas d'être le séducteur qui attaque. Mais la timidité attirait. Ça attire les femmes, parce qu'elles sont prêtes à vous protéger. Oui… oui… », dit-il avec une fraîcheur non feinte, avant de se reprendre : « Mais je n'avais nullement besoin d'être protégé. »

Marié trois fois, Charles Aznavour a épousé en troisièmes noces, Ulla, de seize ans sa cadette. « Votre épouse est vraiment votre havre de paix.

— C'est mon rocher, mon rocher de Gibraltar, même. » Il tape des deux poings sur la table : « C'est du solide. C'est formidable de pouvoir, dans notre métier, avoir une vie… *solide.* Parce qu'on est volage dans notre métier. Et puis, on est en butte aux plus jolies femmes du monde. Dieu merci, j'en ai trouvé une que je peux mettre dans le groupe des jolies femmes du monde… Que je garde, ajoute-t-il en riant.

— Vous auriez pu vivre avec une artiste ?

— Non. Je n'aurais pas pu. Quoi qu'il arrive, il y a une compétition. Il y en a toujours un qui réussit plus que l'autre. Les couples tiennent rarement, sauf ceux qui font du théâtre ensemble.

— Lorsque vous composez un morceau de musique, est-il exact que votre épouse vous dit : “Arrête de faire du bruit” ?

— Oui, dit-il amusé, parce que quand je joue, je tape. Je ne joue pas du piano légèrement. Je fais partie des tapeurs. Et mon épouse aime les silences. Avec moi, elle est mal partie !

— Ça fait pourtant quarante-quatre ans que ça dure… Vous êtes, par ailleurs, père de quatre enfants. Êtes-vous un père présent ?

— Est-ce que je suis un père ? Le père, habituellement, c’est celui qui aide ses enfants dans les études, dans beaucoup de choses. Moi je ne pouvais pas le faire, je n’en avais pas fait. Je n’étais pas en mesure de leur expliquer quoi que ce soit. Alors, je suis le patriarche de la maison. Un artiste est si difficilement un père. Ou alors il faut qu’il abandonne à peu près tout pour l’être. On n’est pas prêt à abandonner tout pour la famille. Si l’épouse n’a pas la force de tenir cette espèce de monument qu’on appelle la famille, c’est perdu à l’avance.

— Vous aimez ce rôle de patriarche ?

— Mon père et ma mère sont arrivés seuls en France. Mon père n’était pas un rescapé puisqu’il était de Géorgie, ma mère est une rescapée du génocide. Il ne restait personne de sa famille. Ils ont fait deux enfants. Et moi, je voulais faire un pied de nez à ce destin stupide. En principe, la race arménienne aurait dû être totalement décimée. En formant une famille importante, je refonde la petite Arménie. Même si jamais nous ne retournerons vivre là-bas. Mais garder notre arménité est une chose importante.

— Avez-vous le sentiment qu'en avançant en âge vous avez une prise de conscience plus grande de ce qui se passe dans le monde, ou vous vous êtes toujours senti concerné ?

— Non. Je crois que c'est avec l'âge qu'on apprend. Ou on n'apprend rien, ou on apprend mille choses. Et on est concerné par ce qui se passe dans le monde, sur notre planète, dans notre pays, dans nos familles, dans notre entourage. Ce serait un mensonge de dire que toute ma vie, j'ai été concerné. Ce n'est pas vrai. Toute ma vie, j'ai pensé à autre chose.

— À quoi ?

— À mon métier ! C'est un métier qui est très prenant. Je n'ai pensé qu'à ça », répond-il du tac au tac, avec cette sincérité désarmante qui lui est coutumière.

J'en profite pour lui demander quelle est sa capacité à exprimer ses émotions en dehors de la scène, et s'il lui arrive de s'apitoyer publiquement.

« Non, tranche-t-il, surtout pas. Je peux le faire chez moi, seul. Je dis bien : seul. Même pas avec mon épouse ou les enfants.

— En fait les grandes douleurs, vous les gardez pour vous ?

— Ça ne regarde personne.

— Mais elles transparaissent dans les chansons.

— Dans les chansons, ça peut aider les gens. Le public se dit : “Ah ! lui aussi il a ressenti la même chose… Il raconte ma vie.” Il faut vivre d'une manière constructive. Moi je suis un constructeur…-*né.* Avant, j'aurais été un Romain qui construit. J'adore ! Tout ce qui se construit, tout ce qui se fait, tout ce qui arrive, toutes les nouveautés, je suis au courant de tout ce qui se passe. Dans la mesure du possible. Je suis toujours à l'affût de la dernière invention quelle qu'elle soit, que ce soit une charrue nouvelle ou un gadget quelconque. Je ne refuse rien.

— Comment faites-vous à 84 ans pour avoir cette “pêche” ?

— J'aime la vie. Vivre, c'est ce que je préfère au monde. Je ne sais pas où on va, mais je sais une chose, je sais où je suis. J'aime la vie à un degré extraordinaire. Je veux tout savoir, tout voir, tout connaître, tout comprendre.

— C'est cette curiosité qui vous garde dans cette jeunesse incroyable…

— Oui. La vieillesse court derrière moi. Elle me rattrape malheureusement, parce que je marche moins vite, mais de toute manière, elle a du mal. Je refuse le mot “vieillesse”. Je ne suis *pas vieux*. Je prends *de l'âge*. Ce n'est pas du tout la même chose. C'est un calcul. Ce n'est pas un état.

— De quoi êtes-vous le plus fier aujourd'hui ?

— Je ne sais pas. » Après un temps de réflexion, il assume : « Disons que je suis fier de moi, allez ! Comme ça, ça englobe tout. Oui, je suis fier de moi. J'ai fait mon métier comme il fallait le faire. Je n'ai pas à me plaindre du bonhomme qui m'a promené dans la vie. »

VALÉRY GISCARD D'ESTAING

« Souffrir passe, avoir souffert ne passe pas »

« Alors, c'est là que ça se passe ! », dit-il en voyant le studio, comme s'il découvrait un lieu secret. Il me parle de la façon dont je mène mes entretiens, de maïeutique. Je le sens très gourmand de ce tête-à-tête différent, lui l'habitué des interviews politiques. « Vous me posez toutes les questions que vous voulez, dit-il. Je suis venu pour ça. » Il est rare d'avoir un tel blanc-seing, surtout de la part d'un ancien président de la République. Je me sens moi aussi du coup plus détendue, d'autant que nous ne nous sommes jamais rencontrés.

Je l'accompagne dans la loge de maquillage, un détour incontournable pour l'exercice télévisuel auquel même le général de Gaulle ne se soustrayait pas. Non sans renâcler, selon ses dires. Nous en plaisantons.

Vingt-cinq ans déjà qu'il a quitté le palais de l'Élysée sous les huées. La blessure n'est toujours pas refermée. Ministre des Finances du général de Gaulle, plus jeune président de la Ve République jamais élu en 1974, à 48 ans,

Valéry Giscard d'Estaing dit VGE a toujours cru en sa bonne étoile. En 1981, alors qu'il brigue un second septennat, la durée du mandat présidentiel à l'époque, il est battu par François Mitterrand. L'amour-propre en prend un coup. Il s'en explique dans *Le Pouvoir et la Vie* dont le troisième tome paraît en septembre 2006. Et aussi face aux caméras de *Vie privée vie publique*, le mois suivant.

« Je vous appelle monsieur le président, monsieur, Valéry Giscard d'Estaing ?

— Écoutez, on m'appelle comme on veut. On m'appelle président. Là, il n'y a pas de fonction, appelez-moi Valéry, Valéry Giscard d'Estaing. Je vous appellerai Mireille. »

Cette licence me stupéfait tellement que je me débrouillerai pour ne jamais l'apostropher tout au long de l'entretien. Ni lui d'ailleurs !

Dans le portrait diffusé avant l'entretien, qui le décrit comme un président moderne et décontracté, un journaliste rappelle qu'il lui a été reproché de se comporter comme un « monarque absolu » à la fin de son mandat. Le président Giscard d'Estaing se raidit : « C'est débile. C'est débile, insiste-t-il. Si ce journaliste ou d'autres voulaient vraiment se renseigner, l'intendant de l'Élysée vit toujours. C'est un homme très sympathique, un intendant de la marine, il n'y a qu'à lui demander. Est-ce que j'ai jamais donné un ordre ? Demandez-lui… Non. »

À l'entendre, l'incompréhension des Français à son encontre tiendrait à son physique. « Je suis desservi par… ma taille, énonce-t-il. On se méfie des grands. Parce qu'on croit que les grands vous regardent de haut, c'est un peu simple. D'autre part, c'est vrai, je suis un peu réservé. C'est la suite d'une timidité. Quand j'étais enfant, j'étais timide.

— Vous êtes timide vraiment ?

— J'*étais* timide. »

Constatant à ces mots ma surprise, il est secoué de rire. Je hasarde : « On a du mal à vous imaginer timide.

— Vous auriez dû me rencontrer plus tôt ! Quand j'étais enfant j'étais timide et il m'en est resté une espèce de réserve. Il y a des choses que je ne peux pas dire parce qu'elles me font des émotions trop fortes.

— Et puis, c'est votre éducation, aussi, peut-être…

— Notre éducation était classique. On est allés dans les écoles qui créent cette distance.

— Est-ce pour rompre avec tout cela que vous êtes allé vers les Français, petit-déjeuner avec les éboueurs, dîner chez eux ?

— Je suis également allé voir les prisonniers dans les prisons, ce qu'aucun président de la République n'a fait. Aucun.

— C'était pour casser l'image ? C'était un plan de marketing ?

— Non. C'était ma nature. C'étaient des décisions que je prenais. Je n'ai pas eu un conseiller qui disait : "Vous savez, ce serait pas mal, vous serez bien vu de l'extrême gauche si vous recevez les éboueurs." Pas du tout. » Il lève un bras en l'air, manière de dire : tout ça, c'est de la blague. Je souligne alors qu'il a quand même été le premier président à avoir des méthodes de communication modernes, à l'américaine. Ce qu'il ne conteste pas.

« J'avais étudié un petit peu ça, explique-t-il. J'avais beaucoup admiré John Kennedy que j'étais allé voir quand il était président, et qui était un maître de la communication. Mais ce n'était pas de la communication artificielle. C'était de faire des choses qui font que les gens vous comprennent. Et puis, il est paru deux ou trois livres aux États-Unis sur la gestuelle. Il ne faut jamais être trop de face, il faut penser aux mouvements du corps. L'impression est donnée tout autant par le corps, par les gestes… savoir si on a les jambes détendues. »

Comme il se rejette en arrière sur son siège, joignant ainsi le geste à la parole, je lui demande si, au moment où il parle, il pense à la façon dont il se tient. « Oui, un peu, convient-il. Ça devient un peu automatique aussi, il faut dire. On sait qu'il y a des choses qu'il ne faut pas faire. »

Je lui fais alors remarquer qu'il a été le premier à pratiquer la peopolisation. Le mot le fait sursauter : « Qu'est-ce que c'est que ça ?

— Vous vous êtes "servi" de votre famille pour la campagne électorale.

— Oui, répond-il, parce que c'était déjà dans le monde moderne. Les Américains faisaient ça. Souvenez-vous, Jackie Kennedy jouait un rôle énorme. »

Il se tourne de côté pour regarder une photo projetée sur l'écran, montrant son épouse Anne-Aymone sur une échelle, en jupe plissée, en train de coller une affiche électorale. « C'est une affiche sur laquelle il y a ma fille, commente-t-il. Il n'y a que la moitié de l'affiche, mais il y a ma fille. »

Afin d'éviter toute interprétation hâtive, il poursuit : « J'ai toujours fait très attention. Mon épouse n'est jamais intervenue dans le pouvoir. Elle n'est jamais venue à une réunion du gouvernement. Jamais. Mais en même temps, je pensais que le pouvoir en France, comme partout, ne doit pas être coupé de l'environnement proche. Et donc, il était naturel qu'il y ait des passerelles. Les familles doivent être présentes. Comme elles sont dans la vie. Si vous prenez un chef d'entreprise, si vous prenez un préfet. Ils ont une famille.

— Est-ce que vous estimez que certains hommes politiques vont trop loin ?

— Je-ne-vous-ré-pon-drai-pas. »

Valéry Giscard d'Estaing détache chacune des syllabes, laissant entendre qu'il réprouve certains comportements en la matière. « Je crois qu'il faut garder une certaine mesure », ajoute-t-il.

Je le lance sur son livre *Le Pouvoir et la Vie. Choisir*, dans lequel il raconte les coulisses de la fonction présidentielle : « Est-ce qu'on se sent tout-puissant à l'Élysée ?

— Non. (Il me regarde, interloqué.) Non. Pas tout-puissant.

— Jamais on ne perd pied ?

— D'abord, on a beaucoup de gens autour qui vous parlent. Je ne sais pas pourquoi, on croit qu'ils ne vous parlent pas. Ils vous parlent… Dans les grandes décisions, on est assez seul, c'est vrai. »

Il cite en exemple « l'histoire de Kolwezi », où, en mai 1978, il envoie la Légion étrangère mettre fin au massacre de civils européens et africains par les rebelles katangais dans cette ville du Zaïre, l'actuelle République démocratique du Congo. « J'étais seul, affirme-t-il. J'ai passé la nuit. J'étais à l'Élysée. C'est à vous de décider, personne ne décidera à votre place.

— Vous racontez aussi comment en 1981 vous avez été “trahi” par Jacques Chirac, votre ancien Premier ministre.

— Il y avait eu la rumeur qu'il y avait eu un accord entre Mitterrand et Chirac. Mais le président Chirac avait toujours démenti en disant : “Ah non ! c'est faux. Ce sont les journalistes qui racontent des histoires, c'est pour me nuire”, ainsi de suite… Donc je voulais, moi, avoir une affirmation factuelle. La seule personne qui pouvait le dire, c'était Mitterrand.

— Et vous l'avez rencontré en 1995, peu de temps avant sa mort.

— Le président Mitterrand était malade, même hélas, en fin de vie. Je suis allé le voir. C'est lui qui a parlé. J'ai posé des questions. Et il a dit : “Je n'aurais jamais été élu sans les voix que m'a apportées votre concurrent. Sans les 550 000 voix…”

— … de Jacques Chirac. »

Tandis que je lui rappelle le contexte, à savoir la rumeur qui, entre les deux tours de la présidentielle de 1981, veut que Jacques Chirac et François Mitterrand aient déjeuné ou dîné ensemble et que l'entourage de Chirac ait appelé à ne pas voter pour lui, Valéry Giscard d'Estaing écoute les bras croisés. Rejeté en arrière sur son siège, les yeux levés au ciel, il revit la scène, émet un drôle de rire.

« Et qu'est-ce que vous faites ?, dis-je. Vous prenez le téléphone et vous appelez vous-même son état-major.

— Ben oui, moi-même. J'étais dans mon bureau. Je me revois encore. Un bureau d'angle de l'Élysée. Et un de mes collaborateurs me dit : “Vous savez, il paraît que la permanence de Jacques Chirac appelle à voter Mitterrand.” Je dis : “Mais non, ce sont des histoires.” » Son propos s’accompagne d’un haussement d’épaules. Sur le moment, il se fait la réflexion suivante : « Je ne vais pas appeler de mon bureau parce que c’est… pfuitt… mon bureau. Je vais aller dans l’appartement… Un peu privé. Alors, je m’en vais, poursuit-il. Je fais le trajet, je m’assieds, je prends un téléphone classique, je fais le numéro. Je tombe sur une standardiste, une secrétaire… “Voilà, je voudrais parler à un responsable.” Je me dis : elle va me reconnaître. (Il rit de son bon tour.) Parce que comme j’étais assez souvent à la télévision et puis que j’ai peut-être une voix… qu’on connaît.

— On ne peut pas dire le contraire, souligné-je dans un éclat de rire.

— Je ne peux pas déguiser ma voix. Je suis incapable de le faire d’ailleurs. Donc, je prends un mouchoir et je le pose sur l’endroit où… » De la main droite, d’un geste en demi-lune, il fait mine de recouvrir le combiné d’un téléphone, un subterfuge lu « quelque part, dans un roman policier… Je mets ça et je dis : “Je voudrais parler à un responsable. – Qui êtes-vous ?” Je réponds : “Voilà, je suis un militant et j’appelle parce qu’il y a le deuxième tour dimanche prochain et je voudrais savoir qu’est-ce qui faut faire ?” Il répond : “Il ne faut pas voter pour Giscard.” Je dis : “Oui, j’ai entendu dire ça, mais qu’est-ce que ça veut dire ? Ça veut dire qu’il faut s’abstenir ou est-ce que ça veut dire qu’il ne faut pas prendre part au vote ? – Vous n’avez rien compris. Il faut voter Mitterrand.” Puis, il raccroche. Alors là !…

— Et là ?

— Je reste assis. Je n'arrive pas à comprendre. Qu'est-ce que c'est ?... ».

À cet instant précis, le regard, la voix, demeurent encore incrédules.

« On sent que vous en avez été meurtri.

— Souffrir passe, avoir souffert ne passe pas. C'est une phrase qui est écrite dans un ancien couvent qui appartient maintenant à la mairie de Saint-Denis. Les religieuses peignaient des phrases comme ça. C'est une phrase forte.

— Vous, vous n'avez jamais trahi ?

— Non... Non... », répond-il du bout des lèvres, avant de soupirer.

« Et vous n'avez jamais fait de coups bas ? »

Il soupire à nouveau, relève la tête, écarte la main comme pour demander un instant de réflexion, cherche dans sa mémoire.

« Vous savez, il faut faire attention quand vous affirmez ça, il faut repasser en revue, tout. Je crois n'avoir jamais menti, reprend-il. Je crois...

— Sauf quand vous avez téléphoné à l'état-major de Jacques Chirac. C'est un petit mensonge... »

Giscard se redresse, lève la tête et rit de bon cœur : « Oh oh oh ! Oui ! oh ben !

— ... pour connaître la vérité. Vous êtes pardonné.

— Oui. Non. Enfin, mentir... Je crois n'avoir jamais menti. D'ailleurs, je le disais récemment, Raymond Barre n'a jamais menti non plus. Faut pas croire... Mentir ne fait pas partie de la vie publique.

— Et la trahison n'est pas une nécessité de la vie politique ? »

La voix traînante, il affûte sa réponse : « C'est plus compliqué que ça... D'abord, je n'aime pas ce mot. Je ne l'emploie pas. D'ailleurs, il n'est pas dans mon livre. Il y a *des* règles. Je crois qu'il faut quand même s'en tenir à *ces* règles, sinon on entre dans un univers qui est très, très dangereux, très désorganisé.

— Est-ce que vous avez parlé de cela avec Jacques Chirac ?

— Non.

— Jamais ?

— Non. » Il hausse les épaules, fataliste, s'accorde un temps de réflexion, puis souligne qu'il avait décidé de ne pas en parler dès lors où « ça pouvait nuire à l'ambition de Jacques Chirac et de François Mitterrand ». C'est la raison pour laquelle il dit s'être gardé, jusque-là, d'en faire état. « Mais maintenant, ça fait vingt-cinq ans, le temps a passé. »

« Le jour où vous avez été élu, qu'est-ce que vous vous êtes dit dans votre for intérieur ?

— Alors... Rien.

— C'est vrai ?

— Non. Enfin... Je veux dire par là, je l'espérais, j'étais content et je ne voulais pas réagir. Parce que je ne voulais pas que ce soit un événement personnel. Je me dis : "J'accède à une fonction que je vais exercer." Voilà, c'est tout. Mais il n'y avait pas le côté de l'acteur qui sort de la scène et qui se fait applaudir. Non, c'était assez continu. J'arrive à un endroit où je suis heureux d'être et où je vais pouvoir faire ce que j'ai envie de faire. Pas plus.

— Pas plus ?

— Non.

— Pas de fête ?

— Ah non ! Pas du tout. Non… Du tout…

— C'est difficile de vous croire.

— C'est ma nature. Qui a des avantages…

— C'est votre nature de contrôler vos émotions à ce point alors que vous dites, par ailleurs, que vous n'êtes pas un animal politique parce que vous souffrez trop et que vous êtes capable de pleurer.

— Oui, je suis capable de pleurer. Ça s'est vu deux ou trois fois. Ce n'est pas contrôler ses émotions, c'est ma façon de sentir quand il y a des dangers, des crises. Je reste tout à fait calme. Ma nature reste tout à fait calme. Donc, elle reste calme vis-à-vis du bonheur ou du succès éventuels et elle reste calme de l'autre côté. Elle est comme ça. »

Retour sur son départ de l'Élysée après la passation de pouvoir avec François Mitterrand. Valéry Giscard d'Estaing avait décidé de repartir à pied. Son fils Henri était venu le chercher. À sa sortie, il est accueilli par une bordée de sifflets et de huées. Sur le plateau de l'émission, Giscard pivote sur son siège pour regarder le témoignage enregistré de sa plus jeune fille, Jacinthe, qui raconte comment la scène a affecté son père. Il ne voulait « plus entendre parler des médias », dit-elle, et ne regardait que les séries américaines *Dallas* et

Santa Barbara. Elle voudrait donc savoir ce qu'ils se sont dit à ce moment précis avec son frère.

« On s'est dit deux choses. Un : c'est honteux ! C'est honteux ! Il n'y a qu'en France qu'on fait des trucs pareils. Voilà un président de la République qui a exercé sa fonction, qui, en effet, est remplacé par un autre, qui est à l'Élysée pour transmettre son pouvoir à un autre, qui sort et qui s'en va, et une bande de types viennent le huer. C'est honteux ! Donc, (decrescendo) c'est honteux. Et deuxièmement, qui est-ce ? J'étais sûr que ce n'étaient pas les Français habituels. C'était organisé. Ils n'étaient pas très nombreux, d'ailleurs, ils étaient quoi ?... Cent cinquante, sur une espèce d'estrade – je ne sais pas où ils avaient trouvé ça d'ailleurs – en face de la porte de l'Élysée où il y a la police. On ne s'installe pas sur une estrade à cent cinquante si on n'est pas autorisés, plus ou moins. Ou conviés. Voilà. C'étaient nos deux questions.

— C'est intéressant de vous entendre parce qu'on se demande comment cohabitent en vous autant de distance et en même temps autant de fragilité, extrême aussi, parfois.

— Sen-si-bi-li-té... » Il module en détachant chaque syllabe. « Oui... Sensibilité, fragilité, les deux.

— Ça a dû être quand même sacrément violent, après coup, votre départ, pour que vous cessiez d'écouter les informations.

— C'est une façon de se protéger, en réalité. On ne veut plus en entendre parler. Parce que tout ce qu'on entend vous blesse. Oui, blesse au sens fort... Vous fait mal. Donc on ne veut pas.

— On n'est pas blasé ?

— Oh ! pas du tout, non. Pas du tout…
— Vous n'avez jamais été blindé aux critiques ?
— Non. Ce ne sont pas des critiques mais des allusions, des présentations. On a développé à partir de mon départ une théorie qui était très blessante, qui était la théorie du rejet : "Il a été rejeté." C'est absurde cette histoire. J'avais quarante-huit pour cent des Français après sept ans, donc ce n'était pas le rejet. Mais si vous entendez ça, ça vous blesse profondément. »

« Quels sont les avantages de la fonction de président ?
— Les avantages… Bon, il n'y a pas d'avantages au sens matériel… enfin… La vie est très facile, puisque vous êtes transporté, logé. » Il rit de cette évidence. « Ça vous donne des avantages de vanité auxquels je suis, relativement, peu sensible, poursuit-il, et puis des avantages matériels de confort et de facilité. Le fait est que quand c'est fini, on ne sait plus faire une queue, on ne peut pas aller acheter un billet dans une gare, on ne sait pas le faire. On ne prend plus un moyen de transport en commun. Donc il y a quand même une espèce de vie à part, qui est une vie *assez* agréable, c'est-à-dire qu'on est payé… ça correspond à peu près à vos dépenses ou un peu plus. Enfin, ce n'est pas du tout comme les grands chefs d'entreprise, ça n'a pas de rapport.
— Et au niveau de la séduction ? Est-ce que ça rend plus irrésistible ?
— Ah ouiii… » Il porte son regard vers moi. « Ça, c'est vous qui devriez le dire. Il y a une chose très mystérieuse pour moi. » La tête appuyée sur la main gauche, le coude

sur la table, il développe : « C'est l'attrait des femmes pour le pouvoir. Qu'est-ce que c'est ?… Moi, je ne peux pas vous le dire. Il y a une fascination.

— Vous vous en êtes rendu compte ?

— Ah ! tout à fait. Par exemple, dans les publics de mes réunions, je voyais les femmes en fait, je voyais leur visage. Parce qu'elles vous regardent plus que les hommes. Les hommes sont là, un peu conscients d'eux-mêmes, réfléchissant. Les femmes vous regardent et vous voyez qu'elles regardent le pouvoir, l'homme de pouvoir. »

Je l'interromps pour lui faire remarquer que le sentiment de domination est peut-être archaïque et interroge : « Qu'est-ce que vous en pensez ?

— Vous n'êtes pas moderne. Ça, ce sont des sentiments de… la préhistoire », répond-il.

Étonnée de sa réplique, je rétorque : « Je me trouve très moderne justement, parce que c'est un principe archaïque de succomber au pouvoir des hommes, du mâle dominant.

— Oui, c'est archaïque, nous sommes d'accord… Mais ça subsiste. »

Après ce petit imbroglio, je lui fais observer le changement opéré aujourd'hui de la part des femmes.

« Oui, ça va changer, note-t-il. C'est en train de changer. Il y a quelque chose d'assez curieux, parce qu'on pense toujours à la séduction ultime, mais il n'y a pas que ça. Il y a le fait qu'il y a un contact chaleureux. Et que par exemple, quand vous êtes dans une foule, et que vous serrez les mains des jeunes femmes ou que vous les embrassez, c'est vrai, il y a un contact, il y a quelque chose qui se passe. Ce n'est pas uniquement la séduction au sens sexuel. Non, c'est quelque chose de différent. J'ai dit dans un des livres précédents que j'aime les Françaises. Elles sont très remarquables, elles sont assez libres, elles sont jolies sans en faire trop, n'est-ce pas, elles ne sont pas exhibitionnistes, et donc j'étais amoureux d'elles. Étant amoureux d'elles, quand vous les voyez dans une foule, elles le sentent.

— Amoureux d'elles… Amoureux de la femme ?

— Oui, c'est quelque chose qu'on sent. Et d'ailleurs, elles ont voté pour moi. Même à un moment où je perdais. Et puis, ce qu'on n'a pas dit, c'est que j'avais 48 ans. Mes prédécesseurs, Charles de Gaulle avait vingt ans, vingt-cinq ans de plus que moi.

— Ça veut dire que personne ne résiste à un président de la République ?

— Ne résisterait… C'est l'Académie française qui parle, là. (Il a été élu sous la Coupole en décembre 2003 au fauteuil de Léopold Sédar Senghor.)

— Vous avez raison, mais ma question au présent a aussi son sens.

— Oui, mais en même temps, je ne peux plus y répondre. Je ne suis plus en fonction », renchérit-il, avec une certaine malice.

J'insiste sur ce qu'il a vécu et il finit par concéder : « Non, on ne peut pas dire personne mais, en effet, peu de monde. Cette attirance des femmes pour les hommes de pouvoir est une grande interrogation qui n'est pas nouvelle. Parce que si vous prenez l'histoire de France vous trouvez ça à toutes les époques.

— Quand je vous écoute, finalement, vous êtes vraiment un homme de pouvoir, mais avec une sensibilité féminine.

— Est-ce qu'elle est proche de celle des femmes ? Elle est proche de celle de ma mère qui était un personnage très important, et très sensible. Donc il est probable que dans l'éducation, dans l'imitation, il doit y avoir cet aspect, en fait.

— Votre mère est vraiment un personnage important…

— Oui, très important, oui. Et un modèle ».

« Pour finir, je voudrais revenir à ces vingt-cinq ans qui se sont écoulés depuis la fin de votre présidence. Sur le moment vous éprouvez une certaine “sérénité”, c'est le mot que vous avez employé…

— Juste sur le moment.

— Et peu à peu, une véritable tristesse s'empare de vous.

— Deux sentiments : une œuvre interrompue, parce que je voulais aller plus loin. Une œuvre interrompue et une inutilité personnelle. Parce que j'ai toujours été utile avant. C'est-à-dire que le matin à huit heures et demie, j'avais quelque chose à faire. J'allais au ministère des Finances, je faisais des trucs. La présidence de la République, après, on ne fait rien, on ne sert à rien. Rien… Rien… Inutile… Et être inutile à 55 ans – c'était mon âge quand j'ai quitté la présidence –, c'est très pénible, en fait. Alors j'admire les gens qui souhaitent arrêter leur activité, enfin, ils ont des vies différentes naturellement. Pour moi, au contraire, c'était l'épreuve absolue. »

Deux choses l'ont « aidé » à passer le cap : la gestion de l'Auvergne, en tant que président du conseil régional et la rédaction de la Convention européenne. « Ça m'a beaucoup libéré de ce poids, de cette tristesse d'auparavant.

— Quelle est la plus belle période de votre vie ?

— Quand j'étais ministre des Finances, répond-il sans hésitation.

— Ce n'est pas quand vous étiez président ?

— Non. Ministre des Finances, c'est ce qui me convenait, en fait. C'est à la fois très précis. On a beaucoup de choses à décider. Il y a une pression du public ou des médias, mais qui n'est pas très forte. Et puis quand on quitte le ministère, c'est fini. On rentre chez soi. Même chose quand on part en vacances. Président de la République, ça ne s'arrête jamais. » Il marque un silence. « *Jamais*.

— Étant donné les coups reçus, vous seriez de nouveau président de la République aujourd'hui ?

— Oui. Le fait d'avoir été le responsable de la France pendant sept ans, c'est formidable… Formidable. Réfléchissez, c'est formidable ! Donc on en est très fier, même si c'est fini. »

Comment de pas remarquer que l'ancien chef de l'État atténue son enthousiasme avec l'emploi de ce « on » impersonnel et collégial relatif à la fonction. Mise à distance des émotions ? Surtout ne pas paraître vaniteux ?

Valéry Giscard d'Estaing jette un coup d'œil circulaire, me remercie : « Vous avez parlé comme quelqu'un à qui on *parle*, pas quelqu'un qu'on piège. Pas quelqu'un qu'on interroge. Vous me parlez comme je vous parle et je crois qu'on a échangé un certain nombre d'impressions et de connaissances de *l'une* et de l'autre. »

ARIELLE DOMBASLE

« Ne pas mourir d'aimer »

Elle est une sucrerie multicolore et pailletée, tantôt sucrée tantôt piquante, jamais acidulée. Je ne sais quel effet Arielle Dombasle produit sur les hommes mais je sais que, lorsqu'elle paraît, je ne peux m'empêcher de la regarder, de la goûter presque, dans le raffinement de chacun de ses détails. Notre première rencontre fut brève. Pour une émission de fêtes de fin d'année à laquelle elle ne pouvait participer car elle tournait déjà toute la journée, elle avait accepté, malgré l'horaire tardif, de venir clore l'émission en chantant l'*Ave Maria*. Elle avait descendu, royale, sous l'œil aguerri de Line Renaud, l'escalier scintillant des *Folies Bergères*, vêtue d'une longue robe noire qui moulait ses formes surnaturelles. Et s'en était allée, emportant son mystère.

Quand elle arrive en janvier 2008 dans la loge de maquillage, passage obligé pour tous avant d'aller à l'antenne, je suis frappée par son teint de rose. La reine de la sophistication n'a pas besoin d'artifice. Sur le plateau, face à moi, elle a pourtant opté pour une bouche vermillon dessinée à la perfection et une coiffure impeccable. Mais qui est cette femme enfant aux accents de créature fatale qui se joue de la temporalité ? Qui se cache derrière l'actrice et la chanteuse qui a toutes les audaces, toutes les excentricités ? Que recouvre cette apparente légèreté de l'être, insoutenable pour certains ?

Pour la comprendre, peut-être faut-il revenir à l'enfance d'Arielle Sonnery de Fromental, Arielle Dombasle, le nom de sa mère, son nom de scène. Elle est née aux États-Unis, a vécu au Mexique entre un père industriel, un frère aîné et une mère ravissante morte d'un cancer alors qu'elle n'a que 11 ans et demi. Quand son père disparaît, l'année de ses 18 ans, la jeune fille traverse l'Atlantique pour venir vivre chez sa grand-mère à Paris. Deux ans plus tard, elle se marie. De ses jeunes années, elle tient sa fragilité de porcelaine et son instinct de survie. Le côté multiple et insaisissable de sa personnalité contribue à sa profonde originalité.

« C'est vrai que j'ai vraiment trois cultures », dit-elle, n'expliquant pas autrement une « singularité » que ses proches lui reconnaissent volontiers. « Ma première langue, c'est l'espagnol. *Yo hablo mejicano. Es mi idioma nativo*, dit-elle avec un accent impeccable, et j'ai appris le français à l'école. Pour moi, la France, c'était la sophistication, l'élaboration, la civilisation. C'était Versailles. Et moi, j'ai habité au Mexique où c'était le peuple et mes amis pieds nus dans la rue, souligne-t-elle.

— Cette sophistication que certains adorent et qui en agace d'autres, vous l'avez construite ou vous l'aviez en vous ?

— Je ne pourrais pas dire parce que j'ai été élevée aussi avec des gens *très, très* remarquables, même écrasants tellement ils avaient de la personnalité. Ils étaient singuliers et forts. Donc moi, je me sentais une sorte de petit microbe, et je voulais leur ressembler bien sûr.

— Vous avez eu des modèles écrasants, dites-vous et, en même temps, vos parents ont disparu très tôt.

— C'est une chose que j'ai cachée pendant tellement longtemps… J'ai vu ma mère vraiment mourir d'amour, littéralement.

— Qu'est-ce que ça veut dire : "mourir d'amour" ?

— Ça veut dire qu'elle aimait mon père d'une manière tellement absolue qu'elle voulait lui plaire infiniment et qu'elle faisait tout pour lui. Il était très beau. Il était comme un dieu. Quand il entrait dans une pièce, toutes les femmes étaient magnétisées par lui. »

Je m'attendais à ce que, sur sa lancée, elle prolonge l'éloge. Or, pas du tout.

« Il était vraiment seigneur et méchant homme », ajoute-t-elle avec des mots de conte de fées qui aurait mal tourné. « C'était quelqu'un d'assez égoïste, de très singulier et de passionnant. Et ma mère a toujours été une sorte d'esclave de son amour pour lui. Elle faisait tout pour lui plaire. »

Comme cette dernière a succombé à un cancer, faut-il comprendre qu'elle s'est laissé mourir ?

« Je pense, oui, qu'à un moment, elle a dû se dire que c'était trop dur », répond Arielle Dombasle, qui semble avoir, très tôt, percé l'univers des grandes personnes. « Mon père avait une maîtresse, une femme remarquable aussi, quelqu'un probablement de très écrasant. » Le regard se fige devant le spectre du souvenir, elle fait un geste de la main qui signifie : « Voilà, que dire de plus ? » J'essaie de l'aider à préciser sa pensée en lui demandant si sa mère a, en quelque sorte, « lâché prise ». Arielle Dombasle opine. Après un moment de silence, elle reprend :

« Et moi, j'ai su ça quand j'avais 9, 10 ans. J'ai compris que l'amour chez les adultes est une chose pleine de violence et terriblement dangereuse. Et que la seule chose qui vraiment vous meurtrit jusqu'au plus profond de l'être, ce sont les histoires d'amour qui tournent mal.

— C'est pour cette raison que vous vous protégez ?

— C'est-à-dire que je me suis dit, quand j'étais enfant, que je serais une femme *fatale*. Je serais le contraire de ce qu'a été ma mère. Je serais une femme qui va annihiler les hommes, qui va les faire souffrir, qui va être une sorte de personne inatteignable, et ils vont mourir pour moi. Quand j'étais enfant et adolescente, c'était l'attitude que j'avais.

— Donc, très provocante ? Provocatrice…

— Oui, absolument provocatrice et intouchable. »

Quand je lui fais remarquer qu'elle est double, à la fois femme fatale et femme enfant, elle répond sans hésitation :

« Voilà, c'est ça. » Et elle énonce dans la foulée : « J'ai quelque chose de très guerrier dans la vie. Je n'ai pas peur de me battre. Je n'ai peur de rien physiquement. Au cinéma, je fais mes cascades moi-même, je conduis des voitures, des motos, je fais toutes sortes de choses difficiles à faire. » Même si elle ajoute avoir compris qu'en réalité « la grande vulnérabilité des êtres » est moins dans la force physique que « psychologique ».

« Si je comprends bien, vous vous êtes construite à l'inverse de votre mère ?

— J'avais deux images de femmes fondatrices, précise-t-elle. C'était évidemment ma mère qui est la douceur, le charme, et qui meurt. Elle était vaincue, elle qui était tout amour. Et puis, il y avait la nouvelle femme de mon père qui, elle, est une femme dominatrice, très sûre d'elle, une guerrière. Elle a été triomphante. J'avais donc ces deux images, et je me disais : "Que faut-il être dans la vie ? Faut-il être une *victime absolue* ?" Car, c'est une tentation aussi. Quelquefois, on se laisse dévorer. Il y a en vous ce démon-là, le démon de la douleur mais aussi celui de la férocité. Moi, je voulais devenir quelqu'un de plus en plus fort et de plus en plus armé pour l'existence. De ce point de vue, le théâtre et le cinéma m'ont sauvée. Chaque jour, je me réveille et je me dis : "Tiens, je suis encore en vie." Quelle merveille ! J'ai déjà dépassé l'âge de la mort de ma mère. Or j'ai pensé que je mourrais au même âge qu'elle. »

Sa mère s'est éteinte à 34 ans. Quand Arielle Dombasle, à son tour, atteint cet âge, elle se jure de vivre sa vie et celle dont sa mère a été privée. À l'évocation de ce passé douloureux, le regard se perd, l'instant s'immobilise, elle répond, concentrée : « C'est ça, j'ai une espèce de chose comme ça en moi… de vivre pour elle. Toute la vie qu'elle n'a pas eue, je la vis, moi. Et je me permets une vie très, très riche pour ça. »

C'est sa manière, à elle, de maintenir sa mémoire vivace face à l'injustice d'un destin qui l'a « assassinée ».

Je l'interroge alors sur sa relation aux hommes, elle qui décrit son père comme un grand séducteur. On n'en doute pas à le voir en photo, torse nu sur la plage, athlétique et superbe, telle une star hollywoodienne. « Je suis très attirée par les hommes, répond Arielle Dombasle. C'est pour moi un continent très mystérieux. Ils me fascinent. Et j'ai heureusement eu cette chance inouïe de tomber sur un homme qui m'a regardée comme si j'étais quelqu'un de tout à fait extraordinaire, d'irremplaçable, d'unique. »

Fait-elle allusion à Bernard-Henri Lévy ou à son premier époux, le chirurgien-dentiste Paul Abou, un play-boy de trente ans son aîné – elle en a 20 quand elle se marie la première fois –, qui a conquis les sex-symbols du cinéma ?

« Mon premier époux aussi, dit-elle. Il était très connu pour être un séducteur terrible. » Et de raconter comment, alors même qu'elle avait été mise en garde contre ce « diable » d'homme beaucoup plus âgé, elle a voulu « exorciser » une sorte de quête paternelle en succombant à son charme, certaine qu'elle serait, entre toutes, la « préférée », la « favorite », la « plus aimée ».

Elle a agi par refus aussi d'être « la victime » comme l'avait été sa mère. Avec le philosophe et essayiste Bernard-Henri Lévy qu'elle épouse en 1993 et dont elle était tombée amoureuse sept ans plus tôt, elle s'est jetée « dans la passion ». « J'ai trouvé quelqu'un qui était à la hauteur de cette passion et qui m'a laissé entendre que la fidélité, l'attraction, et le bonheur de l'amour physique pouvaient durer très longtemps sans que ça vous mène à la mort. »

Le couple se vouvoie, une manière stylée d'ajouter au mystère et au roman de l'existence, un genre qu'elle cultive avec grâce et aplomb quand elle rappelle ses origines.

« Votre mariage avec Bernard-Henri Lévy est souvent décrit comme un roman.

— Oui, c'est vrai. Je l'admire inconditionnellement. Et je souhaite *toujours* être celle qu'il aimera *toujours*. J'essaie *toujours* de l'étonner, de le surprendre, enfin de le séduire. » À ce mot, le mieux à même d'exprimer ce qu'elle ressent, elle fait un geste de quelqu'un qui lancerait un dé en forme de pari perpétuel. « Il faut toujours séduire la personne avec qui on vit. On se jure fidélité, on jure que ce sera pour toujours, mais rien n'est jamais acquis. Tout est à recommencer tous les matins. Il y a des millions de femmes ravissantes. Il y a des millions de tentations.

— Vous avez peur ?

— Oui, bien sûr. Tout le monde a peur.

— Je vous ai entendue dire que vous vous étiez arrêtée à l'âge de 30 ans dans votre tête.

— J'ai toujours imaginé, même dans l'enfance, que j'avais 30 ans. Ça me paraissait l'âge idéal. Maintenant, je l'ai dépassé bien évidemment.

— Vous donnez votre âge ?

— Non, je ne le donne pas. Je préfère le mystère. »

Arielle Dombasle aime « défier le temps ». D'où sa « performance » de se lancer dans une série de représentations en 2007 au *Crazy Horse*, le temple de la revue la plus déshabillée de Paris. Ceci à un âge où ses contemporaines optent pour des rôles plus sages et plus raisonnables. Paraître presque nue sur la scène ne lui fait pas peur bien qu'ayant « vingt ans de plus que toutes les danseuses », souligne-t-elle. C'est une façon de ne pas « se laisser enfermer, d'être libre ». La diffusion à l'écran d'une séquence du spectacle la montrant dans le plus simple appareil, ou presque, habillée par les seules lumières de la scène, la laisse sans voix. Son trouble est visible. Je lui fais observer que c'est la première fois que je la vois rougir. Elle se ressaisit : « Mais en même temps, ce n'est pas moi. C'est quelqu'un d'autre, c'est une performance, une fiction. Moi, je suis là, devant vous, ajoute-t-elle presque démunie, en ouvrant les bras comme pour indiquer que la vraie mise à nu a lieu dans notre face-à-face.

— Votre époux Bernard-Henri Lévy vous a-t-il déconseillé ou encouragée à faire ce spectacle ?

— Il est venu me voir. Je pense qu'il était assez fier. En même temps, ça ne lui plaisait pas beaucoup, il faut dire. Non, ce n'est pas très agréable de voir sa femme sur scène comme ça. Même s'il y a un aspect flatteur à ce qu'elle soit admirée par les autres. Mais intimement, je crois que cela ne lui était pas particulièrement agréable. » Et d'ajouter que s'il avait émis la moindre objection, elle l'aurait « écouté, évidemment ».

« Vous avez dit que vous avez une passion pour l'amour conjugal.

— C'est une chose de l'ordre du miracle de trouver quelqu'un qui est à la hauteur de ses espérances, de ses exigences et aussi de la sensualité, parce que c'est une part très importante. Je ne pourrais pas être avec un homme simplement comme ça, comme des camarades. Ce n'est pas mon tempérament. Je n'aime pas l'amour camarade. Il y a des gens qui n'aiment pas l'amour. Qui ont d'autres passions comme de faire une carrière, d'avoir du pouvoir, une entreprise, que sais-je ? La passion amoureuse est pour moi primordiale. »

Je lui demande si dans cette quête d'absolu, il reste de la place pour un enfant.

« Je n'ai jamais voulu d'enfant, tranche Arielle Dombasle. Je ne dis pas qu'un jour, peut-être, je serais très malheureuse de m'être privée de ce bonheur. Comment se fait-il que je sois une femme qui, avec *obstination*, n'ait jamais voulu d'enfant ? Pourtant, je trouve qu'il n'y a rien de plus joli qu'une mère. »

La maternité semble n'avoir jamais fait partie de ses préoccupations, ainsi qu'elle le précisera avec une vigueur accrue, trois ans plus tard, lors d'un autre de nos entretiens. « Chez moi, c'était une chose irrésolue, lance-t-elle. Depuis l'enfance, je savais que je serais une femme qui se réaliserait ailleurs que dans l'enfantement. Je n'avais pas envie de me reproduire, ni qu'après moi, il y ait quelqu'un. Je serai la dernière. J'aime être l'objet unique. C'est étrange. Je pensais aussi que si je devenais mère, je mourrais instantanément. C'est une chose de l'inconscient.

— Peut-être est-ce lié aux circonstances de la mort de votre mère… Et une envie d'incarner l'éternelle aimée. En même temps, vous restez la fille de votre mère pour toujours.

— Oui, une femme qui n'engendre pas d'enfant reste aussi une sorte d'étrange personne qui est liée à l'enfance. Elle est la même jeune fille. Elle reste une fille. »

Ce chapitre clos, je lui demande ce dont elle est la plus fière.

« D'être aimée, rétorque-t-elle, après un bref moment de réflexion. C'est le plus important.

— Et votre plus grand regret ?

— Il n'est pas encore arrivé. Peut-être qu'un jour, j'en aurai un et je me dirai que je me suis trompée sur toute la ligne. On n'est jamais à l'abri de rien. Cela tient peut-être à mon côté mexicain très fataliste. Peut-être que le destin me réserve quelque chose de merveilleusement glorieux ou quelque chose de terrible, je ne sais pas.

— De quoi avez-vous le plus peur : vieillir, la vieillesse ou la mort ?

— Certainement pas de la vieillesse. Parce que j'ai eu une grand-mère adorable qui a été mon modèle absolu et qui a vécu jusqu'à 102 ans. Elle s'intéressait aux autres, un peu comme vous qui posez des questions et êtes passionnée par les autres. Ma grand-mère m'a appris que chez les autres il y avait la clé du monde. Les autres, c'est la réponse. » Et d'ajouter : « Pour la première fois, je me suis trop dévoilée. J'ai été à fond les ballons, je dois dire. » Elle part dans un éclat de rire cristallin, amusée par cette expression populaire qui vient de surgir en guise de conclusion.

Et c'est vrai qu'elle se donne complètement, Arielle, comme lorsqu'elle clôturera la saison de *Vie privée vie publique* avec son ami, l'artiste et photographe de talent

Ali Mahdavi, en dansant, la robe relevée à mi-cuisses, sur la grande table laquée rouge des entretiens. C'est vrai qu'elle est enthousiaste et généreuse. Ce jour-là, elle avait tenu à témoigner de sa connivence féminine en m'offrant, délicatement enveloppés dans du papier de soie, des petits sacs de voyage joliment brodés pour ranger bas et sous-vêtements. Un cadeau intime qui lui ressemble tellement et signifie tant, humour et légèreté réunis.

BERNARD-HENRI LÉVY

« Ne pas vivre tout à fait pour rien »

Bernard-Henri Lévy a d'emblée accepté mon invitation en décembre 2008. Mais il souhaitait me rencontrer au préalable. Nous nous sommes retrouvés dans une grande brasserie parisienne à Saint-Germain-des-Prés, tout près de chez lui, avec son épouse, Arielle Dombasle, et quelques amis à eux. À la fin du repas, au cours duquel nous avons parlé de la récente publication de *Ennemis publics*, un échange de courriers électroniques avec l'écrivain français le plus vendu au monde et le plus controversé, Michel Houellebecq, rendez-vous fut pris. Il viendrait seul à l'émission, le romancier, peu enclin à commenter le contenu du livre à la télévision, n'ayant pas donné suite.

BHL, comme on l'appelle, n'a, lui non plus, pas peur de la polémique. Sur tous les fronts, un jour en Afghanistan, un autre en Bosnie, un troisième au Darfour…, il essuie des critiques, mais n'en a cure. Quand je lui demande si une « bonne dose de détestation » peut lui servir de stimulant, il rétorque : « Je ne dirais pas ça, je ne dirais pas ça… »

Puis, il se lance : « Que le prix à payer pour des positions que je prends soit la détestation, ça, je le sais, je prends souvent des positions très impopulaires qui me valent une grande inimitié. Mais ça, j'en prends le risque. » Afin qu'on ne se méprenne pas sur sa force de conviction, il articule chaque mot qu'il scande du poing gauche, en habitué des tribunes.

« Est-ce qu'être beau, riche et célèbre vous a coûté cher ? Alors vous allez me dire je ne suis ni beau, ni… » Il m'interrompt : « Ce serait bêtement outrecuidant de dire ça. Les hommes ou les femmes qui sont beaux, éventuellement riches et un peu célèbres, c'est un atout, une chance folle. Et ceux qui s'en plaignent et qui disent : "Mais comment ? ça m'a coûté beaucoup de jalousie chez mes contemporains" se moquent du monde. »

Lui n'a que faire des caricatures « les plus horribles » qu'on lui consacre, des biographies « dégoûtantes », des « tissus de ragots ». Ça ne l'atteint pas puisqu'il ne s'y reconnaît pas. « Parce que ça parle de quelqu'un d'autre, dit-il. Et puis, poursuit-il, quand vous me dites : "beau, célèbre…", c'est une autre caricature, une caricature symétrique. »

BHL, qui connaît Malraux par cœur et a lu *La Condition humaine*, est comme tout un chacun : « Je suis quelqu'un qui essaie de me débrouiller avec mon corps, avec ma névrose, avec ma part de folie, ma volonté d'écrire, mon incapacité, parfois, à le faire. Avec ma *peur* aussi », insiste-t-il. Il se serait bien vu en grand romancier devenir un classique des bibliothèques, or son champ de prédilection, ce sont les idées.

« Vous qui êtes un obsédé du secret, qui détestez parler de l'intime, pourquoi avez-vous accepté cet entretien ?

— Je n'aurais sûrement pas accepté sans ma correspondance avec Michel Houellebecq qui a, en effet, déverrouillé quelque chose. C'est vrai que j'étais installé, claquemuré depuis trente ans dans un système de verrouillage, de secret, de peur phobique de l'aveu, et là il s'est passé quelque chose que je ne m'explique pas moi-même. Brusquement, un verrou a sauté, oui. Du coup, je suis là. C'est comme l'épilogue de ce livre. »

Je lui lis un passage où Michel Houellebecq analyse leur comportement face au monde qui les entoure. « Nous avons l'un comme l'autre cherché, avec persévérance, les jouissances de l'humiliation et du ridicule et nous y avons remarquablement réussi, écrit le romancier. Reste que notre véritable désir est, comme tout le monde, d'être admiré, aimé, ou les deux. »

Bernard-Henri Lévy écoute, émet un sourire de contentement, réplique en plissant les yeux : « Lui a envie d'être admiré. Moi, ce n'est pas mon cas.

— Vous n'avez pas envie d'être aimé ?

— Oui, par mes proches, par très peu de gens. Par mes amis, par ma famille, par ma femme, par mes enfants, naturellement. » Il a eu deux enfants de ses deux premiers mariages, Justine, écrivain, et Antonin, avocat. « Mais, pour le reste, souligne l'auteur de *La Barbarie à visage humain*, ce que je veux, c'est convaincre. Moi, je suis content quand je rentre du Darfour et que des gens en savent un peu plus sur cette région après mon retour. Je suis content quand je vais à la frontière d'Israël et du Liban pendant la dernière guerre du Liban, il y a deux ans, et que je reviens en disant des choses que les gens n'ont pas dites. Ou que le consensus général ne veut pas entendre. C'est ça qui me fait plaisir. C'est là où je me sens le plus moi-même et où j'ai le sentiment de ne pas vivre tout à fait pour rien.

— Et aussi parce que c'est une dette à payer à la société, ce sentiment d'avoir eu une enfance privilégiée ?

— Oui, bien sûr, de dette…, c'est plutôt ça… Quand on a reçu autant que j'ai reçu, quelques privilèges aussi, on est endetté, bien sûr. Mais d'une façon générale, et ça, c'est une question philosophique : être un humain digne, c'est être en dette. Je le crois, métaphysiquement.

— Vous écrivez : "Je peux faire toutes les mises au point, je ne ferais qu'aggraver mon cas de salaud de bourgeois qui ne s'intéresse aux damnés de la terre que pour faire sa publicité" ». Il sourit, assez content de la formule : « Oui », note-t-il.

Quand je l'interroge sur les motivations qui le poussent à se rendre sur les théâtres d'opérations, Bernard-Henri Lévy répond sans fard qu'il a toujours voulu être « le premier ».

« C'est vrai », admet-il, conscient d'avoir ainsi donné du grain à moudre à ses habituels détracteurs. « Ça va me coûter très cher, sûrement, on va me ressortir ça pendant des années, c'est possible, mais c'est comme ça. J'ai le goût de la performance. J'aime l'idée d'être le premier arrivé à Sarajevo. C'est bizarre peut-être, mais c'est comme ça. Le jour où j'arrive en avril 1992 à Sarajevo, à l'époque où il n'y a pas encore le pont aérien, c'est vrai qu'il y a une espèce de jouissance obscure à avoir fait ce que d'autres n'ont pas fait. Il y a des raisons *impures* comme pour tous les intellectuels engagés et comme pour tous les reporters de guerre. Ces raisons impures, je les donne. C'est vrai que j'ai le désir de vivre au-dessus de mes moyens. » Et il ajoute : « C'est à la fois moche de dire ça, c'est égoïste, c'est penser à soi, c'est se mettre au milieu de l'Histoire alors qu'on devrait ne pas y être, mais voilà, si on décide de dire la vérité il faut bien la dire. »

BHL a été moqué, brocardé, il a connu des échecs dont celui de son film *Le Jour et la Nuit* (1997), inspiré de l'amour qu'il voue à son épouse, Arielle Dombasle. En contrepartie, il a gagné en vigilance. Attentif aux questions, il opine du chef, le bras gauche en appui, il martèle ses réponses, les accompagne d'un va-et-vient de tout le buste s'il le faut. Qu'on évoque sa rencontre avec Barack Obama, quatre ans avant son élection à la présidence des États-Unis, et le surcroît d'énergie à le faire savoir, Bernard-Henri Lévy admet, le sourire au bord des lèvres : « Ça, c'est mon côté ramenard. »

« Vous dites aussi avoir hésité, à prendre pour modèle d'homme, entre votre maître le philosophe Louis Althusser et un play-boy qui a tenu dans ses bras les plus belles femmes du monde.

— J'avais 13 ou 14 ans et je vois la photo de cet homme dans *Paris Match* peut-être avec la plus belle femme du monde qui était et qui est toujours, d'une certaine manière, Brigitte Bardot. Il y a deux choses qui m'ont intéressé dans la vie, vraiment : la littérature et l'amour des femmes et d'une femme, en particulier. Et c'est vrai qu'un séducteur magnifique avait de l'attrait pour le jeune homme de 15 ans que j'étais et qui se préparait à entrer à l'École normale supérieure, à être un écrivain aussi. Il n'y a pas beaucoup moins de mérite à aimer une femme qu'à être un intellectuel. J'ai un peu changé depuis. Aujourd'hui je crois que les grands intellectuels, c'est quand même mieux que les amants éperdus.

— Ce qui est étonnant, c'est que des années après, vous avez épousé Arielle Dombasle, la femme de Paul Albou qui aurait pu être cet homme, ce séducteur : vous la lui avez ravie, si je puis dire. »

Surpris de l'évocation de cette conquête amoureuse sur son « modèle », il acquiesce, rit de bon cœur, mais se garde bien d'en dire davantage, préférant, au chapitre de l'amour rapporté à l'écriture, s'en tenir à des généralités. « C'est vrai. Je vais souvent au bout des choses. Quand je tourne un film, je vais au bout des choses, même sous les crachats, je vais au bout des choses. Je ne fais pas les choses à moitié. Ça, c'est vrai. »

Son ambition cardinale, c'est d'écrire. « Il n'y a que ça qui m'intéresse, affirme-t-il. Poursuivre mon trajet entamé il y a trente ans. » « Et puis, dit-il, la deuxième chose qui m'a intéressé toute mon existence, c'est en effet, l'amour… L'amour, voilà ! Les écrivains font comme si on écrivait avec le cerveau. Les écrivains nous font croire, et encore plus les philosophes, qu'ils écrivent avec la tête, qu'ils pensent du cerveau comme on pense du nez, moi, je ne crois pas.

« Je crois qu'on écrit avec son corps, je crois qu'on écrit avec sa libido, au sens le plus noble et au sens le plus trivial du terme. Je crois que la manière dont une phrase tombe, dont un paragraphe prend sa course, dont une page se tend et se détend – je ne vais pas vous faire un dessin –, je crois que tout ça n'est pas sans analogie avec ce qui se passe dans une activité assez bien connue par les humains. C'est la même affaire. C'est la même énergie. Casanova d'ailleurs le savait bien qui écrivit sur le dos des femmes qu'il aimait, presque sur leur chair, ses plus beaux textes. » Il n'en est pas là, mais avoue que toutes les périodes de son œuvre ont toujours coïncidé avec l'entrée d'une femme dans sa vie. « L'aventure littéraire serait inconcevable pour moi si je n'étais plus aimé ; si je n'aimais plus, je crois que j'arrêterais d'écrire.

— Vous vous connaissez avec Arielle Dombasle depuis plus de vingt-huit ans. Comment avez-vous réussi à faire durer votre couple ?

— Je crois que la quotidienneté ne fait rien à l'amour. Je ne crois pas que l'amour entre un homme et une femme, ou entre deux hommes, ou deux femmes, soit comme une espèce de stock qui s'userait à force de frotter, à force que l'on s'y frotte. Je ne crois pas que ça marche comme ça.

« Est-ce qu'on aime les gens pour leur force et leur gloire ou est-ce qu'on les aime pour leurs petites faiblesses et leur vulnérabilité ? Je crois qu'on les aime pour les deux, et peut-être davantage pour leur vulnérabilité. Et la vie quotidienne, c'est le lieu même où la vulnérabilité apparaît. Je suis un écrivain plutôt pessimiste et je suis un homme assez joyeux. Arielle m'aide à être joyeux. »

« Michel Houellebecq parle beaucoup de sa mère dans le livre et vous assez peu de la vôtre, comme si elle avait été absente dans votre enfance ?

— Et pourtant, elle était plus que présente. Ma mère était charmante, elle était jolie. Elle était drôle. Elle était incroyablement espiègle… et ravissante. Jusqu'à la fin de sa vie, elle avait une très jolie silhouette et des jeunes gens la regardaient quand elle se promenait.

— Vous n'avez jamais douté de l'amour maternel ?

— Ah pas une seconde ! C'est même la source de mon grain de folie, de ma liberté, peut-être des audaces excessives que je peux avoir parfois. J'ai le sentiment d'avoir été aimé pour toujours. Et que cet amour-là me suit comme un faisceau de lumière, comme un halo protecteur. » Afin de bien souligner la puissance de ce lien filial, il détache chaque mot qu'il rythme de gestes amples et reprend dans un même élan : « J'ai 60 ans, je vivrai encore, j'espère, longtemps. Je sais que jusqu'à mon dernier souffle, j'aurai l'ombre… pas l'ombre, la clarté de cette mère qui me guidera, qui fera que je n'aurai peur de rien. Quand on a été aimé ainsi, on n'a peur de rien.

— Vous avez été bardé de l'amour maternel et paternel. Votre père est la figure absolue ?

— Celui qui m'a montré le chemin, c'est en effet mon père. Il m'a montré pourquoi il fallait être un peu plus grand que soi. Pourquoi les humains n'étaient vraiment des humains qui valent la peine d'être nés que s'ils sont un peu plus grands que soi. Ce n'étaient pas des leçons, c'était un exemple. Mon père a eu une vie très belle et une jeunesse héroïque à la fin de la guerre d'Espagne, puis dans les Forces françaises libres. Et un père admirable, c'est une étoile qui vous élève. Quand je vais me fourrer dans des endroits impossibles, des lieux de guerre comme le Soudan ou la Colombie et que je me demande pourquoi je suis dans cette galère, la figure qui surgit c'est lui et ça devient d'un seul coup évident. C'est une façon d'être à la hauteur de ce qu'il a été. »

André Lévy, son père, un industriel qui s'est construit seul et a fait fortune dans la pâte à bois, a toujours été aux côtés de son fils, l'aidant financièrement.

« Il m'a accompagné dans toutes mes bêtises.

— Même dans le film *Le Jour et la Nuit* ?

— Ça, ce n'était pas une bêtise. Il lui est arrivé à plusieurs reprises de se dire que je faisais une bêtise, mais il y allait quand même.

— Quand il a frôlé la faillite avec son entreprise, c'est vous qui l'avez aidé, qui êtes allé chercher l'homme d'affaires François Pinault ?

— Je ne dirais pas "faillite", heureusement. Mais c'est vrai que dans ces cas-là, dans la vie économique, c'est comme dans la vie tout court, quand vous n'avez besoin de personne tout le monde est là. Quand vous avez un genou à terre, il n'y a plus personne, sinon des gens pour vous mettre le pistolet sur la nuque et attendre l'heure de vous achever. Et c'est vrai que dans cette jungle qu'est la vie économique, il y a eu un homme qui s'est conduit en gentleman avec quelqu'un qui était pourtant son adversaire (entendez son concurrent) depuis vingt-cinq ou trente ans, c'est François Pinault. Il s'est conduit de manière magnifique. Ils se sont reconnus l'un l'autre. Et, c'est vrai, c'est moi qui suis allé le trouver.

« Mon père est mort depuis maintenant treize ans et il n'y a pas de jours où je ne pense à lui, où il ne revienne, parfois dans le sommeil, parfois dans l'état de vigilance.

— Votre père est mort le jour de votre anniversaire. À quoi avez-vous pensé ce 5 novembre dernier, jour de vos 60 ans ?

— Le 5 novembre de chaque année depuis 1995, c'est à mon père que je pense d'abord. C'est tellement singulier comme situation. Je ne fête plus mon anniversaire. Il me passe le témoin le jour de ma naissance, à quelques heures près. »

« Vous avez parlé de vous en tant que fils, mais, quel père êtes-vous avec vos deux enfants ?

— D'abord, je ne me suis pas tellement posé cette question. La première chose que j'essaie aujourd'hui encore de faire, c'est les aider à garder vivante en eux la mémoire de mes parents, c'est-à-dire de leurs grands-parents. C'est une transmission. Être un père, c'est déjà transmettre. Et puis, il y a la question de ce qu'est être juif aussi. J'ai compris qu'il y avait une autre manière d'être juif, qui est une manière heureuse, glorieuse, positive, pas comme une chose qu'on reçoit seulement et qui est comme un fardeau qu'il faut essayer de porter vaille que vaille. Mais au contraire comme une lumière.

— Comment vivez-vous le déclin inévitable de l'âge ?

— Je vais être très franc et peut-être terriblement ingénu et naïf… Je crois qu'on a plusieurs âges dans sa vie. On ne vieillit pas jour après jour. Comme il y a des âges de la terre… le crétacé, le crétacé supérieur, il y a des âges dans une vie d'homme ou de femme. Dans mon cas, il y a une période de ma vie qui doit se terminer à l'adolescence, qui n'a pour moi aucune espèce d'intérêt, dont je ne parle jamais. J'ai l'impression qu'il s'agit d'un étranger qui me ressemble à peine. Ensuite, il y a une deuxième partie qui doit aller jusqu'au moment où je deviens écrivain. Et puis, il y a vraiment une espèce de troisième naissance, qui est le moment où je commence d'écrire et là je me sens le même. Une légende indienne dit que la richesse d'un humain est le nombre de naissances qu'il peut accumuler dans une vie. »

Il s'interrompt en voyant une photo de lui, enfant, le montrant souriant, conquérant, dans les atours d'un John Wayne gamin, un chapeau de cow-boy sur la tête, en chemise à carreaux, à la taille, le ceinturon de circonstance. Se reconnaît-il dans ce petit garçon ?

« Ce n'est pas le même, s'exclame-t-il. Je le reconnais à peine. Je serais un très mauvais client pour la psychanalyse. Je n'ai *quasiment pas* de souvenirs d'enfance. Quand je vois cette image, ça me dit quelque chose. Mais à peine. Je ne m'intéresse pas à mon enfance. Je ne fouille pas dans ce que Malraux appelait le tas de secrets, ce sac à malices. J'ai horreur de ça, parce que c'est *un autre.*

— Vous vous sentez mieux aujourd'hui qu'il y a vingt, trente ou quarante ans ?

— Je me sens toujours aussi mal dans ma peau. Et toujours aussi bien. Attendez, les gens qui sont bien dans leur peau, c'est horrible, c'est odieux. Donc je ne suis pas totalement bien dans ma peau et je ne suis pas mieux dans ma peau aujourd'hui qu'il y a trente ans. »

Bernard-Henri Lévy a, comme toujours, le mérite de la franchise, même si beaucoup lui envieraient son aisance.

CAROLE BOUQUET

« Je n'ai pas le sens de la mesure... »

Il fait très froid en ce mois de décembre 2007. Exceptionnellement, nous nous sommes installés dans la suite d'un hôtel parisien pour enregistrer cette émission de fin d'année. Des invités très différents doivent être filmés tout au long de la journée. Depuis le matin, l'équipe technique s'affaire à l'installation de la lumière et du son, plus compliquée que prévu. Quand l'actrice arrive, en tout début d'après-midi, nous finissons à peine de positionner les caméras. Je suis stressée par ce retard qui risque d'abréger l'entretien. Qu'importe, « J'ai le temps », me lance-t-elle. Les aléas des tournages, l'attente, elle connaît. « J'ai juste un dîner... », poursuit-elle sur un ton taquin. Nous rions de bon cœur, moi un peu nerveusement à dire vrai. Mais l'ambiance se réchauffe. La gent masculine semble émoustillée par sa présence. Il peut bien geler dehors.

Je lui parle de sa beauté et de sa plastique de mannequin qui firent les agréments des magazines de papier glacé, de son apparence distante, voire froide pour certains, si éloignée de sa nature profonde, plutôt « bonne camarade », selon son expression. Un paradoxe qui n'est pas le seul de cette personnalité complexe. C'est vrai, Carole Bouquet a l'éclat de rire facile. Mais quand elle s'exprime, c'est souvent par ellipse, comme si une crainte secrète de trop en dire la bridait brusquement. Tout en retenue versaillaise, la ville royale où elle a passé quelques années après une enfance à Neuilly. D'avoir été la première actrice française à jouer les James Bond girls après avoir décroché son premier rôle dans un classique de Luis Buñuel, *Cet obscur objet du désir*, elle ne tire aucune vanité, et encore moins de gloriole. Sa quête est ailleurs.

On le comprend immédiatement quand on la voit, en tunique orange safranée, arpenter ses terres viticoles de Pantelleria, une île perdue au large de la Sicile, son point d'ancrage depuis la fin des années 1990. Le remembrement du domaine s'arrête aux murs de pierres noires volcaniques, un sédiment éruptif dormant qui lui ressemble. Dans cette contrée lointaine, elle s'est « enracinée », dit-elle. « J'ai trouvé merveilleux et d'une liberté incroyable d'inventer sa vie, d'inventer ses racines.

— Vous installer à Pantelleria, c'était un rêve ?

— C'était un rêve, et une fois que le rêve est réalisé restent les conséquences. Le rêve, c'était l'Italie, c'étaient des racines, c'était une origine, c'était appartenir… Maintenant que j'ai l'impression d'être en partie Italienne – parce que je suis légitime puisque j'ai de la terre –, maintenant j'aimerais effectivement y être née et, donc, ne plus avoir à m'en occuper. Juste avoir à en profiter. Parce que c'est devenu un vrai travail, l'entretien d'un vignoble. »

Appartenir… Telle est la soif de cette enfant joyeuse, née dans un milieu aisé, que la séparation, puis le divorce des parents vont bientôt déboussoler. « La promesse de bonheur quand j'étais petite, c'était mon arrivée en train à Toulon où ma mère habitait. Voilà. » C'est dit comme ça, tout à trac. Presque en passant. Carole Bouquet ne s'appesantit pas. Elle a conservé les réflexes d'une éducation rangée et un goût affirmé pour le soleil. Passé Lyon, elle revit. « Moi, il me faut du mimosa, de l'huile d'olive, de l'ail, des tomates et du basilic.

— Vos parents se sont séparés très tôt quand vous étiez petite, et vous avez grandi avec votre père. J'imagine que cet appel du Sud est lié à l'absence de votre mère, donc aux retrouvailles avec elle ?

— Complètement. Oui et du coup me voilà en Méditerranée. En fait, je ne suis pas tellement compliquée à comprendre. Je fais les choses par instinct. »

Comme elle a eu pour compagnon Gérard Depardieu, dont la passion pour les vignobles est de notoriété publique, je lui demande s'il a eu une influence sur son attrait pour la vigne et le vin.

« L'amour du vin a commencé avant. L'univers de Pantelleria est très éloigné de lui, parce que c'est quelqu'un du Nord, qui aime la pluie et la Normandie, pas le Sud. Je lui ai peut-être donné un peu le goût du Sud, mais, ce n'est pas son territoire, ce n'est pas là où il se sent bien, contrairement à moi. Ce n'était pas un lieu vraiment qu'il comprenait…

parce que trop austère. Je pense qu'il a besoin, dans un paysage, de plus de douceur. L'amour du vin vient d'une découverte avec le père de mon fils aîné, Dimitri, le producteur Jean-Pierre Rassam. J'avais 22 ans, je m'en souviens… Je n'aimais pas ça, et j'ai bu un soir dans un restaurant parisien très connu, un bordeaux *merveilleux*. C'était d'une douceur… Une volupté m'a envahie. Et de là, j'ai commencé à aimer le vin. Quelquefois un peu trop. Contrairement à ce qu'on peut imaginer, je n'ai pas le sens de la mesure. Je me fatigue moi-même. » Comme je m'en étonne, car elle semble si retenue, elle me répond : « J'aimerais arriver à ressembler à ce que renvoie mon image, c'est-à-dire quelque chose de posé, calme, harmonieux, que je ne ressens pas comme ça intérieurement, je peux vous dire. »

« Être propriétaire d'un domaine viticole, s'occuper d'un chai, c'est souvent un métier d'homme…

— Oui, j'ai été élevée par un homme, mon père, et les codes de la féminité, je ne les connais pas, je ne les ai pas appris, je les ai inventés, et très tard. C'était quelque chose qui n'était pas naturel pour moi et il n'y avait pas une maman pour aider à donner le mode d'emploi. »

Sans modèle féminin à la maison, malgré la présence de sa sœur sous le même toit, elle prend des allures de garçon manqué. On la surnomme « Brise fer ». Elle porte les cheveux *très* courts, dissimule au maximum sa féminité. Car elle est jeune et jolie, et elle attire les regards. C'est une enfant. « Autour de moi, je sens qu'on a peur que je devienne une fille trop vite. Ce qui ne semblait pas être un problème pour mon père. » Ingénieur centralien, ce dernier est d'une génération à ne pas faire assaut de confidences. Sans doute se sent-il quelque peu dépassé par les événements et la responsabilité paternelle qui lui incombe. Il n'en dit rien, ne s'en plaint pas, reçoit bien sûr les amis, les copains. En fait, assez peu de monde.

« Vous vous aimiez adolescente ? »

À la question, le sourire tombe, elle baisse les yeux, hésite : « Non, non, je ne me regardais pas, vraiment je ne me regardais pas. En revanche, je voyais bien dans les yeux des autres… des hommes d'ailleurs, pas tellement des jeunes gens, des hommes qui me regardaient beaucoup depuis que j'avais 12, 13 ans. Dont les amis de mon père, d'ailleurs…

— C'était difficile à supporter ?

— C'était étrange… Parce que je ne comprenais pas. Et si je comprenais, bien évidemment, c'était forcément incroyablement sexué. Et ça me faisait peur, tout simplement. Donc, je préférais très souvent ne pas me montrer…

— Vous avez, en fait, un peu caché, voire castré, cette féminité qui commençait à surgir malgré vous ?

— Oui, parce que je ne savais pas bien quoi en faire et en même temps, je m'en sentais presque coupable. J'ai fait la paix heureusement quand même assez vite. »

Coupable de quoi ? De sa beauté juvénile ? D'attirer les regards ? Elle ne sait pas au juste. Ou si elle le sait, elle se retient de le préciser. C'est un ensemble de choses, l'histoire d'une absence, celle de la mère qui n'aura pas servi de point de repère, d'où de secrètes blessures, enfouies au tréfonds. D'ailleurs, elle l'affirme sans détours : « J'étais en manque de protection, en manque d'enfance… mais d'enfance de petite fille.

— Un père, ça protège normalement ?

— Oui, mais ce n'est pas la même chose quand un père se retrouve tout seul, perdu. Il ne sait pas demander de l'aide, d'autant qu'il vit seul avec ses deux filles, sans que personne ne mette les pieds à la maison. Si d'autres gens de la famille étaient venus et étaient intervenus, ça aurait été complètement différent. Mais on était, en fait, complètement seuls, ma sœur, moi et mon père. Et comme en plus, il n'était pas bavard… Il était même silencieux et il ne parlait pas de ses émotions. Vous imaginez ce que pouvaient être les dîners ou les journées avec mon père… Mais c'est lui qui s'est occupé de nous. En revanche, pendant quelques années, ce n'est peut-être pas joli de le dire comme ça, j'ai eu des comptes à régler avec ma mère.

— Vous avez pu dire à votre mère à quel point elle vous avait manqué ?

— Oui, elle le sait… Elle le sait, et c'est une souffrance mutuelle. Elle n'a pas pu faire autrement. Mon père a décidé que c'était lui – ce qui est très rare à l'époque – qui aurait la garde des enfants et il l'a eue. Et ma mère n'a pas osé aller contre sa décision. De par son éducation, de par qui elle était, elle n'a pas osé se battre, elle n'a pas osé revendiquer quelque chose auquel elle avait droit. Elle a pensé qu'elle n'y avait plus droit. »

L'adolescence ne comporte pas que de bons souvenirs. L'ennui lui pèse. Elle se sent « submergée de tristesse ». À cause d'un mélange de choses diffuses, indicibles, envahissantes.

Elle dit avoir été très tôt consciente de la force d'attraction qu'elle exerçait sur l'entourage masculin, sans pour autant l'avoir revendiqué comme un pouvoir. Pas tout de suite : « J'ai mis un certain temps. » Parce qu'avant elle y voyait « quelque chose de dangereux ». « J'y voyais de la souffrance qu'on pouvait infliger aux autres pour rien. » Et puis, la maturité aidant, elle en est venue à la conclusion que « puisque tu fais ce métier… ». Elle ne finit pas sa phrase, laissant entendre : autant jouer de ses atouts.

À 15 ans, fascinée par les acteurs, elle sèche l'école pour venir, à Paris, voir des films dans une petite salle des Champs-Élysées. La séance est à dix heures. Certains jours, elle les regarde en boucle. « Pour moi, c'était ça la vie. La lumière s'éteignait et je me sentais bien. » Ce monde transfiguré, pourtant, n'est pas ce qui l'attire. La vocation ? Quel drôle de mot. Quand elle entre au conservatoire, deux ans plus tard, c'est davantage pour rencontrer les gens qui « font du cinéma » que pour devenir une vedette à part entière. « J'ai préparé le concours en quelques heures et avec un culot formidable, je me suis dit : "T'es cap ?" » Elle passe l'examen, comme « on saute d'une falaise », pour vaincre sa timidité. Une fois admise, elle se sent « nulle » à côté des élèves qui ont déjà deux, trois ou quatre ans d'école de théâtre derrière eux. À ses yeux, pas de doute, on l'a prise parce qu'elle avait « un physique ». Comble d'injustice pour ses condisciples, c'est elle que Luis Buñuel choisit pour interpréter *Cet obscur objet du désir.*

Elle a 22 ans quand son père meurt, jeune encore, des suites d'une maladie. Les rôles s'enchaînent. Elle s'engouffre dans ces « formidables échappatoires » comme sa « manière de vivre excessive » l'a incitée, à la sortie de l'adolescence, à « tout ingurgiter » – l'alcool, la drogue – pour « ne pas s'ennuyer », afin d'éprouver des émotions « intenses ». Une façon de conjurer sa peur de « ne pas exister », bref, de passer à côté de la vie, *sa* vie.

Mais le sens du devoir et du travail inculqué par le père reprend toujours le dessus, elle n'est jamais longtemps une femme sous influence. L'autorité s'affirme d'autant plus avec les enfants, les siens, qui l'appellent « la générale », qu'elle sait combien la rigueur paternelle l'a structurée. Et d'ajouter pour qu'on la comprenne bien : « Je suis peut-être un peu autoritaire », avant de conclure le chapitre d'une formule choc : « La famille n'est pas une démocratie.

— À la maison, c'est donc vous qui dirigez. Vous n'avez jamais eu de faiblesses ?

— J'en ai plein dans certains domaines, mais pas avec les enfants.

— Et les hommes, vous leur tenez tête ?

— Il faut tenir tête à soi-même. Et quelquefois forcément, pas toute ma vie, on se laisse embarquer par amour, par compassion, par plaisir, par désir, et à ce moment-là, on ne tient plus tête, quelquefois on dérive avec… même si quelque chose ne va pas, on ne veut pas abandonner l'autre. On préfère souffrir soi-même que de partir. Ce n'est pas facile de partir. Pour moi, en tous les cas. C'est un sujet fragile… J'ai l'impression d'abandonner. Il faut me pousser très loin pour que je m'en aille. Tout à coup, c'est un problème de survie, et à ce moment-là, je m'en vais. Mais il faut aller très loin, parce que sinon j'ai l'impression de faire ce qu'il y a de pire, pas à un homme, à un être humain tout simplement. Et ça revient à l'enfance, à cette question de l'abandon.

— Comment avez-vous combiné la vie de famille, les enfants et la carrière ?

— Ça n'a pas été difficile pour moi du tout, parce que la nécessité vraiment profonde, intime était d'être avec eux. Et mon plaisir était d'être avec eux et de les protéger de ma vie publique. J'ai fait l'école à la maison, j'ai fait l'école sur les tournages, j'allais même jusqu'à emmener les maîtresses d'école avec moi. J'étais une espèce de romanichelle. J'emportais à manger, j'avais mes enfants avec moi et les maîtresses d'école… L'école me disait que ce n'était pas bon pour eux, pour leur scolarité. » Et elle ajoute sur sa lancée : « Des conneries !

— Combien de temps avez-vous mené cette vie de front ?

— J'ai fait ça pendant des années, et puis à un moment donné, quand Dimitri, mon fils aîné, a eu 11 ans, je me suis dit : "Je ne peux pas emmener une école entière, je ne peux pas emmener douze professeurs." Et je ne suis plus partie. Donc, j'ai tourné beaucoup moins et j'ai recommencé quand Louis, le plus jeune, a eu 17 ans (le fils du photographe et réalisateur Francis Giacobetti). Tout d'un coup, je suis partie en Argentine pour la première fois, pendant trois mois. Ça faisait dix ans que je n'étais pas partie loin. Ce n'était pas par devoir, c'était *mon* plaisir. Et puis, malheureusement ils ont grandi, donc j'ai moins à organiser leur quotidien, et c'est *dommage.* » Elle éclate de rire à l'idée de se montrer aussi mère poule.

« J'ai le sentiment que quels qu'aient été les passions, les amours, les films, les enfants étaient prioritaires ?

— Oui. C'est un territoire où je deviens effectivement féroce. »

L'enfance est un domaine sacré et les atteintes qui lui sont faites insupportables. Raison pour laquelle Carole Bouquet a accepté d'être la porte-parole de l'association La Voix de l'enfant qui s'occupe des enfants en détresse.

« J'ai vu que je pouvais être utile, développe-t-elle. Parce que cette souffrance que j'entendais, qui se manifestait, cet appel des enfants ne me laissait vraiment pas indifférente. Et quand je rencontrais des personnalités politiques qui me disaient : “Patience, il nous faut du temps”, j'avais du mal à entendre ça. C'est vrai que je ne suis pas patiente, mais je leur répondais : “Je ne peux pas expliquer à des enfants qui souffrent qu'on va trouver la solution dans quelques années. Non, ce n'est pas possible.” »

Dans un entretien réalisé trois ans plus tard, en 2010, à l'occasion d'une lecture seule en scène de lettres d'amour torturé et exclusif d'Antonin Artaud à la comédienne Génica Athanasiou – car Carole Bouquet aime se lancer des défis et n'a peur, ni de la folie des autres, ni de leurs souffrances –, je lui demande si l'amour parfait existe.

« L'amour de mes enfants, oui… Le leur est de l'hydromel, une volupté qui est peut-être ce qui me guérit de tout.

Le fait qu'ils m'aiment me garde en vie et me gardera en vie longtemps.

— Vous pensez que l'amour est un miracle à chaque fois ?

— Ça dépend de ce qu'on appelle un miracle. Je n'y crois pas sur terre et comme je crois que je n'ai qu'une vie… Mais je ne suis pas pour autant déçue de cette vie, pas du tout. J'ai même été incroyablement gâtée. » Puis elle ajoute un peu plus tard quand nous parlons de l'âge et du temps qui passe : « Il y a une qualité que j'ai héritée de mon enfance, c'est que quand je ne peux rien faire contre quelque chose, je n'y pense pas. »

ALAIN SOUCHON ET LAURENT VOULZY

« Et réciproquement... »

Je plane quand j'écoute du Voulzy. Je savoure chaque mot quand j'écoute du Souchon. Par quelle mystérieuse alchimie mes sensations s'inversent alors qu'Alain écrit les chansons de Laurent et que ce dernier compose les musiques du premier ? Comment arrivent-ils à se glisser à ce point dans la peau de l'autre tout en restant parfaitement eux-mêmes ? Indissociables et pourtant si identifiables. A priori, tout – tempérament et univers – les sépare. Alain Souchon, vigie attristée du monde contemporain, cultive une mélancolie flegmatique ; Laurent Voulzy, rocker, pop star puis barde nostalgique des riches heures chevaleresques, une gaieté mélodique. D'où mon envie de chercher à comprendre, par ce portrait croisé réalisé en mars 2015, comment ce duo magique est parvenu à tenir le haut du pavé de la variété. Chacun de son côté, puis ensemble, pour la première fois, avec la sortie de l'album intitulé *Derrière les mots*. Fantasmes, révoltes, blessures d'enfance, ils ont accepté d'en parler. Une fois n'est pas coutume pour ces deux timides qui n'aiment pas se raconter.

Alain Souchon se lance. Balloté d'un père à l'autre, il trouve « ahurissant » ce qu'il a vécu, « mais, tempère-t-il, ça ne m'a pas *trop* fait souffrir ». Tout est dans l'intonation du « trop » qui sous-entend qu'il s'est accommodé des chagrins endurés, lui l'éternel adolescent. Pas étonnant si son premier succès, en 1974, s'appelle *J'ai dix ans*, un titre qui lui colle à la peau. Le langage enfantin séduit le public. La musique est signée Laurent Voulzy. Le talent de l'un mis au service de l'autre fait merveille, alors qu'ils viennent de se rencontrer à l'initiative de leur maison de disques commune. Chargé des arrangements et alors en quête de notoriété, Laurent Voulzy se souvient : « J'entendais cette chanson à la radio, j'étais super content comme si c'était moi qui chantais. J'avais un succès par procuration mais j'étais heureux. » D'autant plus qu'Alain Souchon avait un peu d'avance sur lui depuis la sortie l'année précédente de *L'amour 1830*, d'un romantisme à rebrousse-poil de la vague rock qui constitue alors son univers. « C'était une vedette, pas un chanteur normal. Je le trouvais simple. »

Autour d'Alain Souchon, sorti de dix ans de galère à hanter les cabarets parisiens pour se faire un nom dans les années 1960, tout change : « Les filles vous embrassent, alors qu'avant, elles ne le voulaient pas forcément. Elles ont leur petit caractère les filles, vous le savez ça ? », murmure-t-il avec amusement. Tandis que sa carrière s'envole, son camarade peine à se faire connaître. Un peu moins de trois ans plus tard, en 1977, Laurent Voulzy lui fait écouter la maquette de ce qui deviendra *Rockollection.* « Il m'a dit : "Ton idée est bonne, tes paroles ne sont pas extraordinaires, ça pourrait être un peu mieux écrit." Je lui dis : "Écoute, vas-y !" » De leur complicité fraternelle et harmonieuse naît un tube planétaire de onze minutes quarante-cinq, truffé de rocks anglo-saxons des années 1960. « Je ne m'attendais pas du tout à un tel succès. Ça a été une révolution dans ma vie cette chanson. D'un seul coup, mon rêve de star se réalise et c'est moi qui passe à la télé », rapporte Laurent Voulzy.

« Ça a déménagé », renchérit Alain Souchon, la voix douce, le ton copain. « C'était dans le monde entier, c'était la folie. Ça m'a fait envie aussi. Je me disais : "Putain, c'est bien de bosser avec ce mec…, il va en Argentine faire des télés, des machins et tout, c'est dingue !" » Assis à ses côtés, Laurent Voulzy se retient de pouffer de rire.

Une pluie de royalties leur tombe dessus, mais le succès ne leur tourne pas la tête, ils savent qu'il peut être éphémère. La flambe, très peu pour eux. Vendu à plus de deux millions d'exemplaires en France, un triomphe comparé aux ridicules cinq cent quarante copies écoulées de son précédent disque, *Rockollection* rapporte à Laurent Voulzy deux cent mille francs (près de 120 000 euros 2021). Il les met sur un compte et, pendant longtemps, se garde d'y toucher comme par superstition. Il s'offre une fantaisie toutefois : l'achat de l'indicateur Bertrand sur lequel il repère un corps de ferme et 400 mètres de terrain attenants, à vendre en Corrèze pour 8 500 francs. « J'ai dit : "C'est dingue, je peux me l'acheter !" »

Alain Souchon enregistre un deuxième album, *Bidon*, les ventes explosent. « J'ai touché 600 000 francs (environ 360 000 euros 2021) ! À l'époque, c'était une grosse somme. » Il aurait pu exulter, au lieu de ça, il a « peur » de se laisser griser par le luxe – « une vie comme j'aime pas ». « Alors, je n'y ai pas touché pendant longtemps », énonce-t-il, un sourire indécis sur les lèvres. Son premier achat ? « Appartement ! Appartement ! », lance-t-il, l'air de dire : ça va de soi. « Avoir une maison, qu'on ne puisse pas me foutre dehors parce que je n'ai pas payé le loyer, c'était capital pour moi. »

Une partie des émoluments file dans les bijoux. Il couvre sa femme de bracelets et de colliers de valeur. « On a fait un trésor de guerre, raconte-t-il, avec un amusement de gosse, convaincus que ça n'allait pas durer ». « Moi, j'étais content de la voir contente. C'était génial, et un jour on nous l'a volé – *tout* le trésor. Ça m'a foutu un coup », ajoute, pince-sans-rire, l'auteur de *Foule sentimentale*, un de ses grands succès dans lequel il dénonce l'argent facile et la société de consommation débridée. Pour lui, qui dit ne pas aimer le luxe, l'argent « apporte du temps et de la liberté ».

Laurent Voulzy a grandi avec ses copains à Nogent-sur-Marne, près de Paris. Amateur de rock et de pop anglaise, il reprend sur scène les hits de ses idoles aux cheveux longs et raides. Les siens frisent, il les domestique en enfilant un casque à moto sur la tête après les avoir lavés. Il joue de la guitare comme personne. Pascal Danel, l'interprète des *Neiges du Kilimandjaro*, le repère et l'engage, et lui confie bientôt les orchestrations. Car Lucien Voulzy, son prénom à l'époque, a quelque chose, un talent bien à lui qu'Alain Souchon contribue à libérer. Notamment dans *Bubble Star*, quand ce dernier lui fait dire : *« J'ai mis ma vie à la gomme dans des guitares bubble-gum »* et plus loin : *« J'ai quitté mon maillot d'corps qu'on voie mon corps. »* Laurent Voulzy trouve ces paroles « magnifiques », « un peu trop vraies ». « Parce que je trouvais qu'il me mettait un petit peu à poil, Alain », dit-il presque gêné. Affublé de lunettes roses, de costumes multicolores scintillants et de guitares en forme de Concorde ou de fraise, il voit, dans cette chanson, un « joli résumé » de ses aspirations à être chanteur, ce désir de briller de tous ses feux de show-man et en même temps « quelque chose de triste » dans la futilité de cet objectif.

Le registre d'Alain Souchon, étranger aux canons vestimentaires clinquants, est autre, plus nostalgique et révolté, plus proche de l'atrabilaire amoureux.

« J'ai toujours pensé que les chansons, c'était ça, se plaindre…

— Vous ne vous aimiez pas ?

— Des gens qui s'aiment, il y en a, mais ils sont ridicules. On n'est pas fait pour soi-même, on est fait pour les autres. Moi, je n'apprécie pas ma voix. Je ne me trouve pas beau. Je pense que tout le monde est comme ça. C'est pour cette raison que mes chansons ont eu du succès.

— Le succès vous a réconcilié avec vous-même ?

— Un petit peu, oui. J'étais maladivement timide. D'un seul coup, ça s'est débloqué, les gens venaient à moi en souriant. » Le public trouve « adorable » qu'il chante *Allô maman bobo.* L'histoire de cette chanson remonte à une chute de ski. Il avait 27 ans, il a spontanément crié : « Maman ! » en tombant. Ce qui l'amène à cette observation : « Au fond, on était bien quand on était enfant et que maman venait nous border. C'était très agréable. »

Enfance, adolescence chaotiques, là réside sa part de fragilité. Alain Souchon, né à Casablanca, s'appelle d'abord Alain Kienast. Il a des frères, des sœurs, une mère comédienne qui n'est « jamais là » – « Je me suis habitué à ce qu'elle me manque, je crois ». Et un père nourricier, agrégé d'histoire, dont il porte le nom. « C'étaient des Suisses allemands très gentils. » Il en parle avec détachement, les yeux baissés. Les « bonnes » s'occupent de lui avec une régularité de métronome. À 7 ans, brusquement, sans rien lui expliquer, sa mère quitte le foyer familial et l'emmène, seul, vivre auprès d'un autre homme, professeur d'anglais, Pierre Souchon, son père biologique dont il prend le nom. Le secret de la paternité lui sera révélé plus tard. « J'ai changé de père, j'ai changé de famille, j'ai changé de frères et sœurs. Et de bonnes. » Il s'excuse d'employer ce dernier mot utilisé à l'époque pour le personnel de maison. « Ça fait un peu snob, mais c'était comme ça dans l'autre famille aussi. J'en parle parce que mes parents, les seconds – entendez sa mère et monsieur Souchon – sortaient tout le temps. Je restais avec elles. Elles étaient gentilles, vraiment. Et puis, on parlait de tout. Je leur disais : “Mais alors moi, je suis le fils de qui ? C'est qui mon père ?” » Il devine que son vrai père est le second.

« Mais le premier était génial avec moi. Je n'étais pas son fils. Il m'a élevé comme son fils. Je l'appelais papa, se souvient-il avec émotion.

— Comment vous avez vécu la séparation avec votre première famille ?

— Je souffrais de ne plus voir mes frères et sœurs... beaucoup. J'étais malheureux. Je ne le disais pas, ça m'a appris à tout garder pour moi. Je n'étais pas là. Je n'étais *jamais* là. Je n'étais pas présent. J'étais dans des rêves... À l'école, je ne comprenais rien. » Il repart dans ses souvenirs, désemparé, met les mains sur les yeux, reprend : « C'était même marrant parce que j'étais premier à 7 ans et à 8 ans, j'étais dernier, vraiment dernier. » Il le répète, encore sous le contrecoup.

Changer de nom l'a aussi « beaucoup perturbé ». Un jour, ses parents l'envoient à la Poste chercher un mandat au nom de Souchon alors que celui de Kienast figure encore sur ses papiers. « J'étais dans la merde ; surtout, je rougissais beaucoup. » Il craint de passer pour « un voleur, un fou ». Il a le sentiment de vivre dans « une espèce de bazar ». Il s'en souviendra au moment d'écrire *Y a d'la rumba dans l'air*. D'où son aspiration plus tard à la stabilité. Une femme, deux enfants, un appartement. « J'ai la même voiture depuis dix-sept ans ! », note-t-il avec ironie.

Il raconte sans pathos, une note de légèreté naturelle dans la voix, toujours avec un humour de second degré. Si bien que lorsque j'évoque la mort accidentelle de son second père, le vrai, alors qu'il a 15 ans, il euphémise :

« Ça, ça a été sympa aussi comme histoire. On était tous dans la voiture et puis un camion nous est rentré dedans. Les gens qui ont connu des trucs comme ça, leur vie est complètement transformée d'un seul coup. C'était pas terrible.

— Heureusement qu'il y a eu la chanson pour exorciser les douleurs ?

— C'était vachement bien que je puisse faire des chansons et que les gens les aiment bien. Ça fait que j'aime bien les gens.

— Ça vous a rapproché de votre mère ?

— Rapproché non. Je trouvais ça un peu étouffant à la maison. J'avais envie d'aller avec mes copains. À ce moment-là de ma vie où j'étais un peu paumé avec cette histoire d'accident, ils m'ont ramené à la vie, *vraiment.* » Les mains en mouvement, il jongle avec les souvenirs, puis ferme les yeux, le temps de se ressaisir.

« Et votre premier père, vous l'avez revu ?

— Oui, souvent… Mon fils aîné aussi. J'étais ému de le voir à 6 ans sur les genoux de papa qui n'était pas mon vrai père… », dit-il les yeux fermés, le sourire aux lèvres en revivant la scène. Il s'interrompt surpris et troublé par une telle confession, puis ajoute : « Mais qu'est-ce que je raconte ?… » La pudeur reprend le dessus.

Avec Laurent Voulzy, ils se sont reconnus. Parce que c'était lui, parce que c'était moi, pourrait dire le mélodiste. L'alchimie entre eux fonctionne, au-delà de la réussite. Les mots qu'ils s'échangent font écho, de l'un à l'autre. « Encore aujourd'hui, on découvre des choses qui sont des étranges synchronicités dans nos vies passées. Peut-être que ça nous rapproche », observe l'interprète de *Jeanne.*

Il n'est pas encore né que ses parents antillais se séparent. « J'ai été élevé à Paris, mais j'ai été fabriqué en Guadeloupe. » Sa mère, célibataire et danseuse, lui donne son nom Voulzy et le met en nourrice « pour des questions de travail ». Il est élevé par deux familles successives. Il en garde des « blessures d'enfance », même s'il a vécu des moments agréables dans sa deuxième famille. « Mais il y avait toujours cette séparation avec ma mère. »

Quand il intègre finalement le foyer familial, il découvre un beau-père « formidable », mais « qui n'était pas là » et une fratrie. Sa mère élève les quatre enfants « pratiquement seule », leur préparant le petit déjeuner le matin, les aidant à faire les devoirs, faisant la cuisine, la lessive… « C'est quand même fortiche ! Pour moi, c'est une héroïne, vraiment. » C'est auprès d'elle qu'il découvre la nourriture créole, et… la biguine.

Laurent Voulzy grandit sans connaître son père biologique, homme d'affaires et conseiller général en Guadeloupe, qu'il ne rencontre qu'à l'adolescence à Paris. Un sujet délicat que, par pudeur, il n'aime pas trop aborder, mais qu'il consent, exceptionnellement, à évoquer.

« Votre père vous a manqué ?

— Pas vraiment. Parce que je ne l'ai jamais vu jusqu'à l'âge de 15 ans. »

D'ailleurs, son beau-père lui avait dit un jour de l'appeler « papa ». Ce qu'il fit. Puis, il ne s'est plus posé de questions.

« Mais la première fois que je l'ai vu, ce n'était pas rien. Mon regard s'est posé sur ses mains, je me suis dit : "Tiens, on dirait les miennes." » Impression troublante. L'étrangeté de la rencontre lui laisse un sentiment bizarre, « bouleversant et neutre à la fois ».

À l'école, c'est une autre paire de manches quand le maître demande de remplir une fiche avec les nom, prénom, profession du père, car sur ses papiers d'identité, figure père « inconnu ». « Je ne mettais rien, je me cachais de mes petits camarades et je rayais. » Il accompagne la formule d'un geste de la main évocateur, fait silence et note : « Et ça, ce n'était pas neutre. »

Il attendra la trentaine passée pour se rendre aux Antilles et faire la connaissance de sa famille paternelle. Il se reconnaîtra immédiatement comme un enfant des îles, le jour où il retourne avec sa mère en Guadeloupe. « C'était formidable d'être avec elle là-bas. On était tous les deux les pieds dans l'eau d'un lagon, je lui ai dit : "C'est quand même drôle de se retrouver ici tous les deux, bien adultes déjà." Je me suis retrouvé moi-même. C'était extrêmement bouleversant. »

Sa chanson *Belle-Île-en-Mer, Marie-Galante* n'est autre qu'un résumé de ce chapitre chahuté de sa vie et « des douleurs » occasionnées. Tant pis tant mieux que le public en ait fait un refrain de vacances. Alain Souchon qui en est le parolier lui fait dire : *« Moi des souvenirs d'enfance/En France/Violence/Manque d'indulgence/Par les différences que j'ai/Café/Léger/Au lait mélangé/Séparé petit enfant… »*

« Il n'avait pas envie de parler de ça, puis finalement ça s'est fait légèrement, simplement, relate son complice, ça lui a plu que ce ne soit pas trop appuyé. » Laurent Voulzy abonde : « Il m'a fait dire des choses qui, par moments, réveillaient en moi des sentiments un peu enfouis. » Petit, il était complexé par sa couleur de peau. « À l'école primaire, j'étais le seul coloré dans la cour de récréation. » C'était dans les années 1956, 57, 58. « Les enfants ne se gênent pas.

De temps en temps, je subissais des sarcasmes », du genre : « Blanche-Neige, on va t'faire bouffer d'la neige. » Bref, « des trucs comme ça ». Les gamins le maintiennent adossé à un arbre, les bras derrière le dos et lui font effectivement manger de la neige. « Quand on est petit, c'est violent, ça marque. » Et puis, il y a aussi le regard des autres qui vous fait sentir que vous êtes « différent ». « J'ai vécu de longues périodes de ma vie sans m'en rendre compte et puis de temps en temps quelqu'un vous dit : "Barre-toi !" » « Ça vous rend complexé et timide. » La musique, « ça a été une thérapie ». Son ami, son frère, son alter ego pour ainsi dire, Alain Souchon, trouve même qu'il a puisé dans l'adversité une « dignité », une « force » que lui n'a pas forcément. « On se comprend. Je le comprends. » Ils se complètent aussi.

Laurent Voulzy est quelqu'un de positif : « Mon tempérament, c'est plutôt d'avoir de l'espoir que du désespoir, dit-il. Grâce à la musique, je mets de la couleur. » Alain Souchon lui reconnaît du reste « une gaieté et une fraîcheur d'âme » dont il se sent dépourvu. « Tout me navre », souligne ce dernier. À commencer par cette propension des hommes à « s'entretuer au nom des frontières et des religions ». Porté plus volontiers à la « désespérance » que son camarade, l'auteur de *Et si en plus y a personne* ne croit pas en Dieu. Il aimerait bien pourtant : « Ce doit être plus simple d'être croyant. » Cela ne l'a pas empêché d'écrire pour son ami une sorte de cantique *Caché derrière* : *« Dans le silence la prière/ Derrière la prière le silence. »*

Laurent Voulzy, quant à lui, assume pleinement la part de mysticisme qui l'habite. Son inspiration musicale créatrice n'est autre qu'une « émanation de quelque chose qui se trouve dans un monde parallèle ». Un univers qu'il retrouve dans les chants du Moyen Âge qui l'accompagnent depuis trente ans. « Cette époque m'inspire. J'allume des bougies et je m'y crois. Ça me fait un bien fou. Tout reprend son équilibre, tout s'apaise. »

À 10 ans, sa mère lui avait offert un château fort, une révélation. « Je suis entré dans cette forteresse dans laquelle je suis toujours », résume-t-il.

Comment Alain Souchon est-il parvenu à pénétrer à ce point dans l'univers de Laurent Voulzy qui lui a composé de si jolies mélodies ? Je dois avouer que cela m'intrigue. Alors que je l'interroge de nouveau sur ce sujet, je suis étonnée qu'il me réponde tout à trac : « Moi, j'aimerais être quelqu'un d'autre. C'est pour ça que j'ai fait du cinéma. Je ne me plais pas tellement. » Et puis, conclut-il, « ça me plaît d'être lui ».

Entre eux, aucun problème d'ego, ni de jalousie, chacun se réjouissant du succès de l'autre. En aurait-il été autrement si la réussite de l'un des deux avait été moindre ? La question est posée mais leurs talents respectifs ont finalement bien fait les choses.

Ils auront attendu quarante ans avant de reprendre chacun son propre chemin, pour célébrer sur un même album cette amitié et cette collaboration uniques : *« Derrière les mots/Derrière nos voix/Est-ce que l'on voit nos cœurs/Et les tourments à l'intérieur ? »*

À cette interrogation, la réponse est plus que jamais affirmative. C'est ce qui fait leur touchante singularité.

JEAN-LOUIS TRINTIGNANT

« On peut être heureux, malgré tout »

Je l'ai rencontré, il jouait *Moins deux* au théâtre Hébertot, une comédie acidulée de Samuel Benchetrit, le dernier mari de sa fille Marie. C'était en novembre 2005, deux ans après la mort de celle-ci, victime des violences de son compagnon Bertrand Cantat, un soir d'été à Vilnius en Lituanie.

Ça faisait un bien fou de le voir de nouveau prendre du plaisir sur scène et nous permettre de rire avec lui sur un sujet aussi difficile que la fin de vie. Une sorte d'exorcisme personnel et collectif. J'étais admirative de son courage et de son talent depuis toujours, depuis *Le Conformiste* de Bertolucci, le premier film que j'ai vu à sa sortie au cinéma où il tenait le rôle principal, dans les années 1970. Je découvrirai plus tard ses films précédents *Un homme et une femme*, *Et Dieu… créa la femme…* pour n'en citer que quelques-uns parmi les plus emblématiques.

Dans sa loge, Jean-Louis Trintignant, à peine sorti de scène, est égal à lui-même, d'une élégance toute de simplicité et de délicatesse. Réservé, diront certains. Mais sa seule présence emplit l'espace. Il y a de la magie dans l'air. Il est là et vous regarde intensément, me regarde avec acuité. Il en est presque déstabilisant. Après un échange sur la pièce et sur son camarade de jeu Roger Dumas, nous dérivons sur Peter Brook, le grand metteur en scène britannique, auprès duquel j'ai eu la chance, à 20 ans, de faire des stages de théâtre. Ce qui m'a énormément servi dans mon métier de réalisatrice et de journaliste. Il me dit toute son admiration pour lui. Nous bavardons longuement malgré les amis et les connaissances qui l'attendent pour le féliciter. Et nous convenons de nous retrouver sur le plateau de *Vie privée vie publique*, à condition que je ne l'interroge pas sur Marie, sauf s'il venait lui-même à en parler.

Jean-Louis Trintignant arrive au studio d'enregistrement sans se presser, fringant, l'allure d'un éternel étudiant avec son pull en cachemire marron à col rond d'où émerge une chemise claire à rayures. Seuls ses cheveux blancs ponctuent les années qu'il porte avec nonchalance.

Il s'installe face à l'œil de la caméra, légèrement incliné en avant, le bras gauche replié devant lui, le droit toujours prêt à souligner un mot, une phrase ponctuée de silences, ou à mimer un geste. La voix est timbrée, caressante, reconnaissable entre toutes. Sa façon de regarder droit dans les yeux a quelque chose d'intimidant. J'ose cette fois-ci lui en faire la remarque. « C'est parce que je ne vois pas très bien, peut-être », consent-il. Il prend son temps. « Ou je ne regarde pas ou je regarde droit dans les yeux. » Et avec aplomb, il ajoute, joignant le regard à la parole : « Je regarde votre poitrine. » Nous éclatons de rire. Machinalement, je jette un œil à mon décolleté qui est tout sauf échancré et je comprends qu'il me met à l'aise, qu'il brise les barrières, la marque des grands. Il évoque Jules Renard, un écrivain qu'il affectionne et dont il aimerait tirer un spectacle. Et de citer l'auteur de *Poil de Carotte*, jamais à court d'une formule ou d'un bon mot, qui disait : *« Quand je regarde la poitrine d'une femme, je vois double. »*

Le tour est bien joué, le sourire charmeur et, il faut bien le dire, craquant. Que je lui rappelle cette réputation de séducteur impénitent, il s'en défend à peine, un sourire – toujours et encore – éclatant, tenant lieu de réponse. « Non, dit-il, ce n'est pas de la séduction. – Un peu quand même… – Oui… Oui… », concède-t-il, placide et pudique.

Jean-Louis Trintignant ne cherche pas à se montrer à la télévision. On le voit rarement en entretien, même si la possibilité lui est régulièrement offerte. Simplement parce que le petit écran ne rend pas « plus heureux ou plus important », il préfère rester en retrait. Je le remercie de sa confiance, lui qui s'en tiendrait volontiers à la formule de Confucius selon laquelle « puisque vous avez deux oreilles et une bouche, il faut écouter deux fois plus que de parler ». Il prend la balle au bond et me réplique en professionnel émérite des tréteaux, le regard direct : « Je vais vous écouter deux fois plus, mais je parlerai un peu. » Me voilà rassurée !

J'aborde le thème de cette pièce à succès qu'il se dit « très heureux » de jouer, « vraiment ».

« Le public s'amuse énormément de ce pied de nez à la mort.

— Je crois qu'il faut parler de la mort. Tous les grands auteurs ont parlé de la mort, que ce soit Shakespeare ou Georges Brassens, dit-il un soupçon de gravité dans la voix. On ne peut pas être un être humain intéressant si on n'en parle pas. Mais il ne faut pas parler de la mort comme on en parle généralement, c'est-à-dire d'une façon accablée et triste. Penser à la mort, c'est d'abord essayer de mieux vivre… de profiter de la vie. »

Le prénom n'est pas mentionné. Instantanément pourtant, je songe à Marie, sa fille, à sa disparition brutale et prématurée qui doit le hanter.

Le théâtre l'aiderait-il à exorciser ses peurs et sa douleur ?

Que ce soit sur les planches – la maladie des protagonistes en phase terminale –, ou dans la vraie vie, la mort irrémédiable d'un être proche, « on n'y pense pas tout le temps ». « C'est ce que j'ai ressenti après le drame de Marie – il ne dit pas la mort. Je suis resté six mois dans un fauteuil les yeux dans le vague, sans bouger, et puis je me suis dit : "Bon, si c'est pour continuer comme ça, il faut arrêter de *vivre*." » Ce mot « vivre », il le fait résonner d'un accent tonique appuyé dès la première syllabe.

Une fraction de seconde, le temps s'immobilise, le regard s'évade dans les souvenirs. « L'autre solution était d'essayer de vivre encore, de partager… C'est pour ça que j'ai décidé de redevenir comédien. J'ai bien fait. Enfin, même si je suis resté désespéré, j'ai des moments de joie extraordinaire, et particulièrement au théâtre. »

Bien que le chagrin soit loin d'être tari, il se ressaisit, explique que le drame qu'il a connu, « courant », « banal » arrive à beaucoup de gens. « Mon cas n'a rien d'exceptionnel.

— C'est une façon de dire la vie continue, mais autrement...

— Exactement. Si on décide de vivre, on vit et on oublie. On a des moments de bonheur qu'il faut vraiment vivre ou alors il faut arrêter. J'ai beaucoup pensé au suicide, certains jours je n'en étais pas loin. Si on continue à vivre, il ne faut surtout pas embêter les autres avec nos problèmes. Il faut essayer de vivre. Parce qu'on peut être heureux... On peut être heureux. » Il s'exprime comme s'il voulait s'en convaincre lui-même, pareil à des personnages de Tchekhov qui ne maîtrisent pas grand-chose du destin.

« Vous dites avoir pensé au suicide, c'est ce que vous aviez dit lorsque vous avez perdu votre première petite fille, Pauline. Le second drame fait écho au premier. Il faut donc puiser de nouveau de l'énergie pour avancer.

— Je n'ai pas vraiment pensé à ça. Ce n'est pas la même chose. Pauline était une enfant, elle avait un peu plus d'un an quand cela s'est produit. C'est très grave. On n'imagine pas comme on est attaché à un enfant même petit. Mais Marie, c'était autre chose, Marie, c'était vraiment ma meilleure amie, c'était... la personne que j'aimais le plus au monde... » La voix se brise, on entend comme un sanglot ravalé, le regard se trouble, il baisse les yeux, submergé par le chagrin contenu, et reprend : « Je ne sais plus ce que je dis... Pardon. »

Je suis moi-même bouleversée et l'invite à marquer une pause, le temps pour lui de rassembler ses forces.

La disparition de Pauline a inspiré à Nadine Trintignant, sa première épouse et la mère de ses enfants, un film, *Ça n'arrive qu'aux autres*, dans lequel elle tentera d'étancher sa souffrance. Michel Polnareff en a composé la chanson. Elle dit ceci :

« Il n'y a pas eu école ce matin
Il n'y aura plus d'enfance au jardin
Un oiseau de plus
Un oiseau de moins
Tu sais, la différence c'est le chagrin. »

Quand nous reprenons l'entretien, nous parlons du temps qui passe qui est notre meilleur ami et notre pire ennemi.

La vieillesse ? Jean-Louis Trintignant admet la vivre « très mal » et s'étonne que l'on ne l'ait pas prévenu des écueils qui l'attendaient. « Je croyais que la vieillesse, c'était la continuité, observe-t-il, ce n'est pas la continuité. On entre dans une période où c'est, au contraire, très difficile à vivre. C'est une situation très déplaisante. Ça ne me plaît pas du tout. Et puis, je n'aime pas tellement les vieux. » Il retrouve le sourire, un sourire communicatif. « Je vais me faire des ennemis, ajoute-t-il, mais je trouve souvent les vieux un peu mesquins. Or quand on est à la fin de sa vie, ça ne sert à rien d'être mesquin, d'être avare. Tout ça ne sert absolument à rien.

— Vous trouvez que quand on vieillit, on se replie, on manque de générosité ?

— Oui. Et puis franchement on est un peu encombrant pour la société. Les jeunes ne nous regardent pas avec beaucoup de sympathie. Les personnes âgées sont quand même un peu ennuyeuses. Elles ne font plus rien. Moi j'ai un peu honte quand je suis avec des jeunes, j'ai un peu honte d'être un vieux, de me traîner, de leur demander de ne pas me bousculer… des trucs comme ça, je vous assure…

— C'est pour ça que vous montez sur scène ?

— C'est pour qu'on ne me bouscule pas ! » Il décoche un large sourire.

« Le général de Gaulle disait que la vieillesse était un véritable naufrage (en parlant du maréchal Pétain).

— C'est bien ça… Oui, ça me plaît beaucoup. C'est un naufrage, absolument. Il faut essayer de vivre ce naufrage le mieux possible.

— Vous êtes, cependant, resté étonnamment jeune. Vous n'avez rien perdu de votre séduction.

— Vous ne m'avez pas vu quand j'avais 30 ans ! » La réponse s'accompagne d'un éclat de rire.

« Vous plaisiez à 30 ans, vous plaisez à plus de 70 ans, vous le savez.

— Je ne cherche pas à vous charmer, je suis content, c'est tout…

— Vous avez dit que votre charme était quelque chose qui vous échappait.

— Si j'ai du charme c'est parce que je suis sincère. Je ne cherche pas à plaire. Ce que je n'aime pas dans la politique, c'est la démagogie, cette faculté à dire des choses fausses pour plaire. Moi je ne vous raconterais pas des trucs pour essayer de vous plaire.

— Vous avez dit : “Ce qui est bien avec la vieillesse, c’est qu’on ne me demande plus de jouer des scènes d’amour au cinéma.” Vous lui trouvez donc un avantage ?

— En effet. Comme j’étais un – il cherche le mot juste – un… “joli”… » Venant de lui, qui n’est ni un petit minet, ni un petit marquis, mais un bel homme, le vocable me surprend et m’amuse. Il poursuit : « … On me mettait donc souvent dans des scènes d’amour que je n’aimais pas du tout. Tourner des scènes d’amour au cinéma est un cauchemar. Dans la vie, tout se fait sans y penser, ça s’enchaîne. Au cinéma, en revanche, tout est compliqué. Vous tenez la fille comme ça – il mime la scène, met la main droite sur sa joue, comme il ferait avec une partenaire –, l’opérateur hurle : “Attention ! Vous lui faites une ride !” Tout devient un cauchemar. C’est vraiment épouvantable. Il vaut mieux tourner des scènes où l’on meurt, c’est beaucoup plus intéressant que de séduire une femme !

— Sur les tournages, vous avez quand même embrassé les plus belles femmes du cinéma, à commencer par Brigitte Bardot dans le mythique *Et Dieu… créa la femme* de Roger Vadim, en 1956.

— Je n’en tire aucune vanité. Je l’ai fait parce qu’on me demandait de le faire et on me payait pour ça. Mais ça ne m’a jamais donné de vrai bonheur. Dans la vie, j’ai été très amoureux et j’ai vécu des moments merveilleux. Mais ce n’étaient pas ceux du cinéma. Ce ne sont pas ceux qui sont fixés sur la pellicule. Ceux-là n’étaient jamais marrants ni enthousiasmants. Quand on est vieux, on ne vous demande plus ça. »

Sur l'enfance, il ne s'épanche pas. Il parle d'une mère très présente, très aimante, qui aimait réciter des poèmes, qui aspirait à devenir actrice et qui lui a donné le goût de la scène. « Ça a compté, beaucoup. » Il raconte ses parents, des « petits-bourgeois » qui s'étaient mariés « sans vraiment s'aimer ». Une convention de l'époque à laquelle il était difficile de se soustraire. « Assez vite », ils ont eu deux garçons. Sa mère « un peu frustrée » a ravalé ses rêves, reportant ses ambitions sur lui. Elle l'accompagnait, petit, lorsqu'ils allaient voir *L'Arlésienne* d'Alphonse Daudet, qui raconte l'histoire d'une femme au cœur de tout mais qu'on ne voit jamais. Sa mère aurait voulu le voir tenir le premier rôle dans cette pièce qu'il n'a jamais jouée. Elle était très heureuse qu'il épouse la carrière de comédien, malgré quelques inquiétudes sur le métier.

« "L'Arlésienne" se dit de ce qui ne vient jamais, d'une attente perpétuelle. Et vous, qu'est-ce que vous avez attendu toute votre vie ?

— Je ne sais pas… Oh ! beaucoup de choses… J'aurais aimé faire davantage pour les autres, plutôt que de rester de façon un peu égoïste dans mon coin à me promener dans la campagne ou à m'asseoir dans un fauteuil, et à rester avec ma peine. J'aurais voulu avoir une action plus ouverte sur les autres, plus généreuse. »

Aurait-il oublié qu'il a travaillé pendant deux ans avec Terre des hommes ?

« À l'époque, j'étais traumatisé par la mort de Pauline, notre première petite fille, et je me suis dit, la vie à quoi ça sert ?... Alors je me suis occupé de Terre des hommes. J'ai voulu y aller parce qu'il faut être présent. C'est un travail... il faut aller dans les pays sous-développés. Et puis le type qui dirigeait Terre des hommes m'a dit : "Vous savez, des gens de bonne volonté, on en a plein. Mais des gens qui gagnent de l'argent, il n'y en a pas beaucoup. Il vaut mieux que vous refassiez votre métier et que vous nous donniez de l'argent." Alors j'ai dit à mon agent : "Donnez la moitié de ce que je gagne à Terre des hommes." Au bout d'un an, je me suis rendu compte que les impôts me prenaient l'autre moitié et que je n'avais pas de quoi vivre... »

Hormis cet épisode, il n'a pas de problèmes d'argent, ni avec l'argent. La « cupidité » est un mot du vocabulaire qu'il a plaisir à prononcer. Il l'emploie quelquefois pour rire. Comme ce jour où un producteur lui a proposé de tourner dans une comédie promise au succès. Il n'a pas particulièrement sauté de joie. Jean-Louis Trintignant ne saute, de toute façon, pas de joie. En grand seigneur, il lui a répondu que s'il signait, ce serait « uniquement par cupidité ». Le rire donc, une manière de se « sauver de la tristesse ».

« De quoi êtes-vous le plus fier ? » Le blanc est complet, la pensée ramassée. La blessure remonte. Il lève les yeux, et, à brûle-pourpoint, droit dans les yeux, lâche :

« Ma fille. Dès le début, enchaîne-t-il, ça a été formidable. Quand elle était petite, je m'en occupais beaucoup. Elle avait une maman merveilleuse, je ne la critique surtout pas. Mais, je n'étais pas seulement paternel, j'étais maternel aussi. Je m'occupais d'elle, je la langeais, je faisais des choses comme ça. » La voix s'étire dans les graves et il ajoute : « Je la baignais.

— À vous écouter, j'ai l'impression que personne ne vous a donné autant de bonheur que Marie. Pas même une femme.

— J'ai connu des passions amoureuses. Mais, ce qui était peut-être le plus constant, c'était Marie.

— Pourquoi ? Parce qu'on ne peut pas être trahi par un enfant ?

— Non, ce n'est pas ça. Je l'aurais aimée même si elle m'avait trahi. Non… Je ne sais pas. Nous avions une complicité qui nous dépassait. Ce qui était merveilleux, c'était de jouer avec Marie. Ensemble, nous avons interprété *Comédie sur un quai de gare* de Samuel [Benchetrit]. C'était un grand bonheur. » Je ressens chez lui un bonheur, teinté de douleur, à évoquer de nouveau Marie comme si les mots n'étaient pas suffisants, et le temps d'une vie, trop court, pour parler de cet amour infini.

« Même quand je n'étais pas en scène avec elle, poursuit-il, j'étais là, je la guettais, je l'écoutais, c'était formidable.

— Vous avez été un père très attentif, très présent. Mais vous ne vouliez pas l'influencer.

— Non, je ne le voulais pas. D'ailleurs, Marie a fait sa vie. Elle a eu quatre enfants avec quatre papas différents. Ce n'est pas ce que je lui ai conseillé, pas du tout. Je m'y suis fait, mais l'idée n'est pas de moi, elle est d'elle », souligne-t-il, avec humour, sur le ton de l'évidence. « C'est pour dire qu'elle vivait ses passions sans moi. On parlait beaucoup ensemble de ça, de ses enfants à venir, et des papas.

— Vous ne parlez jamais de votre fils Vincent.

— Vincent fait un métier où il est moins en vue qu'une comédienne alors je n'en parle pas. Mais j'ai de très bons rapports avec lui, je le vois beaucoup.

— Le lien est-il le même ?

— Non, ce n'est pas pareil. Le rapport père-fille est quelque chose que j'ai du mal à définir. Marie, je l'aimais physiquement, j'aimais tout chez elle. J'ai l'air d'en parler d'une façon un peu exagérée parce qu'elle n'est plus là. Avant je n'avais pas l'occasion d'en parler, mais je ressentais la même chose.

— Vous semblez être sorti de la colère…

— Il y a des sentiments comme ça, négatifs – la colère, la jalousie – qui sont facilement accessibles, je crois qu'il faut les fuir. La jalousie, c'est une chose terrible qui peut nous dévorer. Mais c'est un sentiment qu'on peut vaincre, comme la colère. Quand on a une colère, au lieu de s'y complaire, il faut au contraire essayer de ne pas rentrer dedans. Imaginez qu'on se fâche tous les deux. Je vais sortir faire un petit tour dehors, quand je reviendrai, ça m'aura passé. Je ne me serai pas engueulé avec vous. » Et il ajoute en souriant : « Encore que ça doit être difficile de s'engueuler avec vous !

— Et avec vous ?, lui demandé-je dans un rire.

— Moi, je ne suis pas très sympathique. Je ne me comporte pas tellement d'une façon chaleureuse dans la vie. Je suis très froid.

— Vous n'avez pas envie de faire de concessions, c'est plutôt ça ?

— Il m'arrive, dans la rue ou dans un magasin, d'entendre des gens qui parlent, j'aurais envie de parler avec eux mais je suis trop timide pour le faire.

— Vous n'êtes donc pas devenu comédien par hasard ?

— C'est vrai. Souvent on devient comédien parce qu'on est timide. C'est une façon de se cacher un peu derrière des personnages. »

Quelques jours plus tard, comme je le lui avais proposé, Jean-Louis Trintignant est venu visionner notre entretien avant sa diffusion. Il se demandait s'il ne s'était pas laissé aller à trop parler de Marie. Il a regardé sans dire un mot, très concentré. À la fin, il s'est levé et m'a embrassée, très ému. Puis, il m'a dit d'une voix troublée :

« Merci, Mireille. Je me demande maintenant si j'ai suffisamment parlé de Marie, si j'ai trouvé les mots, si je lui ai suffisamment rendu hommage.

— Le plus beau des hommages, Jean-Louis, n'ayez aucune inquiétude », lui ai-je soufflé, dans un élan fraternel.

Trois mois plus tard, mon beau-fils que je considérais comme un fils disparaissait brutalement. Les mots de Jean-Louis Trintignant ont souvent résonné dans ma tête.

BRIGITTE BARDOT

« Nobody is perfect ! »

Nous avions finalement rendez-vous chez elle à la Madrague. J'avais insisté pour que l'entretien se déroule dans ce lieu devenu aussi mythique que BB. Elle avait proposé un hôtel de la région car elle ne pouvait pas se déplacer, mais cela me semblait beaucoup trop impersonnel.

« C'est pas mal que vous m'ayez un peu *"violée"* parce que ça va laisser un joli souvenir d'une maison que j'habite depuis près de cinquante ans et qui n'a jamais été filmée », me dit Brigitte Bardot avec le sourire, après avoir reçu tout aussi chaleureusement l'équipe de tournage. L'atmosphère est détendue, presque rieuse en ce joli mois de septembre 2006 où elle fête ses 72 ans. D'autant que sur la route qui nous conduisait à Saint-Tropez, nous avions recueilli un chien errant sans collier que nous nous sommes empressés de lui confier. Brigitte Bardot y a vu un bon signe, comme nous d'ailleurs !

En compagnie de son mari Bernard d'Ormale, BB me fait visiter sa maison pour déterminer l'emplacement des caméras. Pas de chichi, ici tout est simple, à son image.

Nous optons pour la pièce principale plus spacieuse mais modeste, qui fait office de salon et de salle à manger avec sa table de ferme et son mur de photos souvenirs. Jetant un regard circulaire, elle souligne : « Tout me tient à cœur ici. C'est moi qui l'ai décorée, aménagée. J'adore cette cheminée. Dès qu'on fait un feu de bois, pour moi, c'est le bonheur ! » Même la pendule à coucou héritée de sa grand-mère témoigne de cet appétit pour la tranquillité et les heures bleues... Bleu comme ce qui l'entoure, la mer, les volets de sa maison blanche et même le liseré de son lit qui apparaît dans l'enfilade de la pièce, par la porte à double battant, grande ouverte.

« Je suis casanière », reprend-elle, et d'ajouter avec humour en montrant la plante de ses pieds : « On ne peut pas dire que je suis pantouflarde pour la bonne raison que je suis toujours pieds nus. » Comme dans cette scène inoubliable de *Et Dieu... créa la femme* où elle s'étourdit et provoque les hommes sur une danse endiablée. Oui, malgré les années, BB est toujours aussi nature. Avec ce quelque chose de presque naïf et enfantin dans le regard, les cheveux remontés en boucle sur la tête, tenus par de petites pinces ornées de fleurs multicolores.

« Vous vivez de plus en plus recluse. Est-ce le harcèlement dont vous étiez l'objet qui vous a conduite à fuir le monde ?

— Oui. C'est cette horreur que j'ai vécue. C'était à la fois extraordinaire et épouvantable. Ça m'a renfermée à l'intérieur de moi-même et fait ressentir une méfiance terrifiante à l'égard de l'être humain.

— On a l'impression que vous êtes passée d'une prison à une autre, de chez vos parents au cinéma ?

— Chez mes parents, ce n'était pas rigolo parce que j'ai eu une éducation très stricte, très sévère. Après, au cinéma, je me suis éclatée, j'ai commencé à faire des conneries dans tous les sens. Je me suis échappée de ce petit carcan familial. J'ai mené une vie un peu fantaisiste, un peu dissolue même. Je ne restais pas mariée très longtemps. Ce n'est pas trop grave, c'est tellement sympa et joli de se marier. Autant le faire plusieurs fois. Au moins, ça fait partie des jolis souvenirs, ajoute-t-elle avec entrain.

— On ne vous a pas assez aimée ou trop aimée ?

— Je ne suis pas déçue de l'amour dans son sens *total* parce qu'il n'y a rien de plus beau, mais il n'y a rien de plus rare.

— Pourtant, vous avez eu de nombreuses aventures amoureuses, des coups de foudre…

— J'ai couru après cet amour… *absolu* ». Elle tend les mains en offrande : « Voilà, c'est le mot précis : *absolu.*

— On n'a jamais l'absolu auprès d'un être humain.

— J'ai été très déçue par les êtres humains. J'ai été volée, trahie, trompée, cocue, dit-elle en riant. Même si je n'ai pas que des qualités.

— Cela dit, vous vous êtes vengée et vous étiez impitoyable ?

— Je cherchais la tendresse. L'amour physique n'est supportable que s'il y a un vrai amour. Si c'est uniquement sexuel, moi je ne suis pas du tout dans ce style de rapport. Pas du tout.

— Et vous ne l'avez jamais été, vous le sex-symbol mondial ?

— Ah non !… Là, je vous en bouche un coin ? Mais… symbole sexuel, ce n'est pas moi qui me suis baptisée comme ça. Les autres m'ont vue comme ça, mais à l'intérieur de moi-même, je n'ai jamais été une folle de… » Elle ne termine pas sa phrase, mais le sens en est suffisamment clair.

« Vous êtes très prude, vous parlez d'amour, de tendresse, mais pas de sexualité.

— Je ne suis pas prude. Je suis pudique. Et je trouve qu'il y a des choses qui doivent rester mystérieuses. Plus c'est joli, joli et mystérieux, plus… » Là encore, elle se garde d'en dire plus et d'être plus explicite, elle pourtant si adepte du franc-parler. Elle ajoute, dans un rire qui n'appartient qu'à elle : « Oh ! je suis vraiment démodée. Quand les femmes étaient coincées, moi j'étais décoincée. Et maintenant qu'elles sont décoincées, je suis coincée ! J'ai vécu comme j'avais envie de vivre. Comme je le ressentais, en me foutant pas mal de la libération de la femme et de tous ces trucs qui font que les femmes maintenant sont très malheureuses parce qu'elles sont trop libérées en fin de compte.

— Oh non ! vous ne pouvez pas dire ça.

— Bien sûr que je le dis ! Si Bernard n'était pas à mes côtés, je ne supporterais pas de vivre toute seule. Je ne suis pas une femme faite pour vivre toute seule. Donc, je ne suis pas libérée. Libérée de quoi ?

— Vous n'êtes pas libérée des hommes ?

— Je suis une femme dépendante de l'affection, de la tendresse et de la protection de quelqu'un d'autre, voilà.

— Ce qui veut dire éternelle enfant qui a besoin d'être accompagnée ?

— Un peu éternelle enfant. Je ne peux pas voyager toute seule, je suis perdue. Je panique. Oui, j'ai vraiment besoin d'avoir encore un papa et une maman virtuels qui s'occupent de moi.

— C'est la raison pour laquelle ça a été difficile pour vous de devenir mère ?

— Je pense que c'était très, très mal choisi comme époque. J'avais encore besoin d'avoir des parents, d'avoir un amoureux près de moi qui me guide, qui me protège, qui m'aide. Et je ne me voyais pas du tout donner ce que j'attendais des autres… à un enfant ! Je n'étais pas assez mûre encore pour faire ça. Maintenant, je me suis débarrassée de tellement de choses inutiles de ma vie, de mon esprit, je vais à l'essentiel.

— Qu'est-ce qui est essentiel maintenant ?

— Ne pas décevoir. Je ne veux pas décevoir. Je veux partager avec ceux qui en ont vraiment besoin tout ce que je peux donner et qui, en fin de compte, ne me sert plus. Je vis très simplement. Je n'ai pas de personnel à la maison, je n'ai pas de bateau, je n'ai pas besoin de choses extraordinaires. »

En effet, rien autour de nous n'est luxueux ni ostentatoire. Je le lui dis avant qu'elle ne poursuive : « Dieu sait que je ne suis pas communiste, mais parfois, elle me dégoûte la richesse. Quand je vois ces milliardaires, ces feux d'artifice, ces yachts avec des robinets en or dans les salles de bains, moi ça me dégoûte. Cet étalage impudique, ah ! je trouve ça dégueulasse !

— Pour vous, quand on gagne de l'argent, on doit en faire profiter les autres.

— Bien sûr. Vous ne l'emportez pas dans votre cercueil.

— On a dit que vous étiez âpre au gain…

— Oh ! ben merde alors ! » Son regard se fige, je la sens blessée. « Qu'on dise que je vieillis, que j'ai des rides, que je suis chiante, que j'emmerde tout le monde, d'accord. Mais qu'on dise que je suis âpre au gain. Non, ce n'est pas vrai ! On a dit beaucoup de choses sur moi, on m'a beaucoup fait pleurer. » Les yeux baissés, le visage devient grave. Elle se ressaisit, esquisse un sourire :

« Mais, tout ça n'est pas grave.

— Qu'est-ce qui a été le plus dur à entendre ?

— Tellement de choses… Que j'étais ridicule, que je ferais mieux de m'occuper de gosses, de gens âgés – ce que je fais, du reste –, que je ferais mieux de m'occuper du sida, de la faim en Afrique, de je ne sais pas… On a dit que je perdais mon temps, que j'étais grotesque, qu'en plus maintenant, je devenais moche et vieille, que je n'intéressais plus personne, et que je n'émouvais personne. Enfin, des trucs qui m'ont vraiment fait de la peine. Surtout que c'est très faux. Ils sont complètement cons ces gens qui disent ça.

— Vous avez arrêté le cinéma, la chanson. Comment fait-on, à 38 ans, pour tourner le dos à tout ça ? J'imagine qu'on vous pose souvent la question.

— Justement non. Personne ne me le demande et personne ne sait à quel point le passage d'une vie à l'autre a été difficile. Parce que c'est vraiment les deux opposés. J'étais considérée comme une star, on me déroulait le tapis rouge… Tout ce que je voulais, on me l'apportait. Et puis tout d'un coup, j'ai brisé tout ça. Mais *avec conscience*, pour me mettre à la disposition de la souffrance animale, pour essayer d'aider les animaux à sortir de cette horreur que les êtres humains leur font subir. Parce que j'étais très consciente de ça. Il fallait que je le fasse. J'ai tout laissé tomber pour m'occuper uniquement de ça. Le passage a été dur, et je ne suis *jamais* revenue sur ma décision. Et ça, je vais vous dire, si j'étais Jean-Marie Bigard, je dirais qu'il m'a fallu une *sacrée paire de couilles.* » La formule me cueille tellement à froid que j'explose de rire. « J'étais jeune encore à 38 ans, développe-t-elle. Je n'étais pas encore rejetée comme une vieille mémé. Donc, j'ai quitté le cinéma de mon plein gré. De toute façon, je ne voulais pas qu'on me voie vieillir au cinéma. Mais je suis rattrapée par les caméras de télévision… Les animaux, eux, s'en foutent que j'aie vieilli. »

Brigitte Bardot n'est au fond ni naïve, ni ingénue. Elle n'a pas peur de son âge, et ne triche pas comme le font certaines stars hollywoodiennes. Quand elle regarde dans le rétroviseur, elle reconnaît que, lorsqu'elle était au firmament, elle ne se rendait pas vraiment compte de l'image « époustouflante » qu'elle projetait. C'est venu « avec le recul ». Peut-être était-elle « mignonne », elle se trouvait « toujours moche ». « Il y en a tellement d'autres qui étaient plus jolies que moi, dit-elle. Je ne comprenais pas très bien ce qui m'arrivait. »

Aussi, quand elle décide en pleine gloire de provoquer cette rupture, « uniquement pour les animaux », elle est saisie par les réactions et les critiques. Or, elle ne sait pas elle-même comment se « dépatouiller de cette nouvelle vie ». Loin d'elle ces petits calculs carriéristes lorsqu'elle se lance dans un combat *« épouvantable »* pour la défense des bébés phoques massacrés sur la banquise. « On a dit de moi pis que pendre, que j'avais fait ça pour me faire de la publicité, que mes derniers films n'avaient pas marché. Je me suis demandé : “Est-ce que je continue ? Si c'est pour qu'on dise des horreurs comme ça sur moi...” Alors que je souffre, que je fais un apprentissage de la douleur. Comme je suis sensible, je ressentais tout cela très profondément. » D'un air de défi, elle ajoute : « Eh bien, j'ai continué. Voilà.

— Pourquoi vous êtes-vous colletée à cette souffrance-là ?

— Parce que personne ne le fait. C'est pour ça que je me bats et je ne trouve pas beaucoup d'écho à mes suppliques. La mort des animaux, pour quoi ? Pour vendre de la fourrure, pour bouffer... Les gens bouffent trop. Il faudrait qu'ils arrêtent un peu de bouffer comme ça. Ou qu'ils bouffent un peu moins de viande. En France, ils sont énormes, ils en pètent de partout. » Son art de la formule imagée me fait, une fois de plus, sourire. Elle poursuit : « Quand on fait les choses avec autant de passion, d'obstination... Je donne mon cœur, ma vie, j'ai donné tout mon argent, j'ai donné ma Madrague, j'ai donné tout ce que j'avais. J'ai fait une vente aux enchères pour avoir l'argent de base pour ma fondation, et j'ai demandé simplement qu'on me laisse habiter dans ma maison, chez mes animaux, jusqu'à ma mort. »

Le combat de BB pour les animaux est de notoriété publique. Les gens ignorent, en revanche, combien la générosité lui est consubstantielle. Il n'est pas rare qu'elle signe un chèque pour dépanner quelqu'un dans le besoin. Elle s'occupe aussi de personnes âgées, celles qui n'ont jamais aucune visite et sont souvent abandonnées à leur sort. Les plus démunis ne la laissent pas indifférente, même si elle reconnaît, en toute franchise, ne pas pouvoir « sauver tout le monde ». Les nécessiteux sont nombreux, elle se doit donc d'être sélective. Elle s'est également engagée dans la défense d'un Noir américain condamné à mort au Texas. Il lui avait écrit parce qu'il lui fallait un nouvel avocat et de l'argent pour le payer. « Et me voilà avec cette lettre qui m'a émue… vous ne pouvez pas vous imaginer. » Elle en a la gorge serrée. « Il devait être exécuté. » Elle lui a envoyé quinze mille dollars. « Je fais tout ce que je peux. Vraiment », dit-elle, lucide quant au peu de poids de son aide face au rouleau compresseur de la justice américaine. « J'en suis malade parce que je me dis : mais mon Dieu, il m'a pris pour une fée.

— Vous essayez de le sauver de la mort. Vous n'êtes donc pas pour la peine capitale ?

— Ah non ! Je me suis toujours battue contre. Quoique maintenant je trouve que les assassins d'enfants, ça c'est très spécial, mériteraient vraiment d'être tués.

— Souvent, c'est ce qu'on vous reproche, Brigitte. Vous dites : je suis contre la peine de mort, et après je suis pour, concernant les assassins d'enfants.

— Non, on peut très bien avoir deux poids, deux mesures.

— Mais idéologiquement, quelle est votre position ?

— Je suis contre. Tant pis, lâche-t-elle.

— Si on vous dit : "Brigitte" ou "Brigitte Bardot, j'ai besoin de vous", en fait vous craquez ?

— Dans la mesure où je peux être utile, oui. »

Paradoxale autant qu'insaisissable, elle ne tourne pas toujours sept fois sa langue dans sa bouche avant de parler. Je lui projette le témoignage d'un de ses proches qui estime que sa notoriété l'oblige à être responsable de ses propos et à ne pas se laisser aller à des « égarements ». À ce mot, elle bondit, fâchée qu'il veuille lui faire « la morale ». « Je n'ai pas d'égarements du tout. J'ai le courage de mes opinions. » Elle qui a été « traînée devant les tribunaux, un peu boycottée par-ci, par-là », se moque qu'on ne partage pas sa façon de penser et prône la tolérance. Elle « assume » ses responsabilités.

« Est-ce que parfois, quand vous avez tenu des propos sur les sans-papiers, ou sur l'islam, vous vous êtes dit : "J'aurais mieux fait de me taire ?"

— Oui, ça m'arrive. Je peux être très maladroite, très impulsive, je ne réfléchis pas. Je sors de ces trucs…

— Vous comprenez que ça puisse surprendre ?

— Oui, je comprends très bien. Mais je ne regrette pas ! Ça sert à quoi de regretter ? Je ne vais pas aller me déculotter et faire comme les types du gouvernement qui demandent pardon sans arrêt pour tout et pour rien.

— Quand vous avez tenu des propos extrêmes et qu'on vous a associée au Front national, ça vous a dérangée ?

— La politique me dégoûte *profondément*. Moi, je prends ce qu'on me donne. Quand on m'ouvre la porte et qu'on me propose de m'aider pour les animaux, je ne vais pas dire : dites donc, vous êtes communiste ou Front national, allez-vous faire foutre !

— Vous n'êtes pas affiliée à un parti ?

— Non, je ne suis pas affiliée à un parti. Je suis de droite. Parce que j'ai été élevée comme ça, dans un milieu de droite, et j'ai gardé ces idées de droite. »

Jeunesse, beauté, fortune, succès, starisation… Brigitte Bardot a tout eu, tout connu. Et dès son plus jeune âge, le sentiment existentiel irrépressible d'être « seule » au monde, malgré « l'entourage, les amours, les amitiés, et tout, et tout ».

« La célébrité isole… certainement, analyse-t-elle. D'abord vous êtes mise sur un piédestal et vous n'êtes pas comme le commun des mortels, on ne vous regarde pas de la même façon. Donc vous n'avez pas les mêmes rapports avec les gens. C'est normal. C'est toujours les deux plateaux de la balance. Plus vous en avez, plus vous payez ce que vous avez eu. *Tout* se paie dans la vie. Et comme la vie est difficile, dure et impitoyable, il faut avoir le courage de l'affronter et de se dire : ou je crève, ou je me suicide – et il m'est arrivé de passer à l'acte –, ou je vais vaincre. Il faut essayer de vaincre.

— Plusieurs fois vous avez fait des tentatives de suicide, alors que vous adorez la vie.

— Je n'aime pas tellement la vie. Mais je déteste la mort. La mort parfois me paraissait la seule issue à des problèmes que je croyais insurmontables.

— Lesquels ?

— Une accumulation de désespoirs. Le suicide, quelqu'un a dit, c'est l'impossibilité de vivre les cinq prochaines minutes. Et c'est vrai. Il arrive un moment où on se dit : je ne veux plus. C'est à ce moment-là qu'on fait une connerie.

— Vous parlez souvent du désespoir…

— Oui, il m'habite le désespoir. Je porte en moi un côté très, très dramatique, au fond de mon âme. Quelquefois, je me réveille le matin, et je pleure sans aucune raison. C'est pour exorciser cette espèce de désespoir que je porte en moi depuis toute petite, que, justement, je danse, je chante, je peux dire des conneries, m'amuser, être assez rigolote parfois.

— Comment vivez-vous cette avancée en âge ?

— Je suis bien obligée de la vivre. Ou on vieillit ou on est mort. Comme je ne suis pas morte, je vieillis. Ce n'est pas rigolo tous les jours, mais il faut bien l'accepter. On n'est plus tout à fait pareil, ça pendouille un peu. Des petites rides par-ci, des petits cheveux blancs par-là. Mais, il faut accepter. C'est pour ça que je ne comprends pas les femmes qui se font faire des liftings.

— Peu de stars ont accepté les rides.

— Vous croyez qu'il y en a trente-six des Brigitte Bardot ?

— C'est une magnifique réponse ! C'est pour ça que vous êtes une star.

— Ce serait bien qu'il y en ait plus comme moi. Les choses seraient peut-être un peu différentes, plus drôles, plus profondes, mais plus naturelles peut-être aussi.

— Insupportable, invivable, parfois, Brigitte ?

— Oh ! certainement. *Nobody is perfect !* »

MARINA PICASSO

« Un héritage orphelin »

Dans la famille Picasso, il y a bien sûr Pablo, le maître incontesté de la peinture moderne aux multiples conquêtes féminines, et le patriarche, qui régnait sur une famille de quatre enfants et huit petits-enfants. Parmi eux, Marina, la petite-fille. À la mort de l'artiste en 1973, au terme d'une bataille homérique pour la succession, elle hérite de quatre cents tableaux, sept mille dessins et sculptures, et d'une luxueuse propriété sur les hauteurs de Cannes. « La maison de mes angoisses », dit-elle. Pourquoi ? Comment ? Parce que lorsqu'elle était enfant et qu'avec son père Paul elle venait voir son grand-père, ils devaient attendre, souvent très longtemps, le signal pour entrer. Sous prétexte que l'artiste peignait la nuit et qu'il ne fallait pas le déranger. C'était dans les années 1950. À l'époque, Jacqueline, la dernière épouse du peintre, veille jalousement sur lui. « Les grandes personnes disaient : il faut attendre, donc on attendait. C'est en grandissant qu'on s'est rendu compte que c'était intolérable », se souvient Marina Picasso. Néanmoins, tout le monde était logé à la même enseigne.

C'est dans cet hôtel particulier, la Californie, entièrement rénové par ses soins, que Marina Picasso nous reçoit très chaleureusement, moi et toute l'équipe de tournage, en mars 2013. La hauteur sous plafond est impressionnante et les pièces spacieuses et lumineuses. Le capharnaüm de tableaux, de pinceaux, et de chevalets au milieu duquel vivait le peintre en compagnie d'une chèvre et de ses chiens, immortalisé par des photos encadrées, a fait place à un confortable ordonnancement bourgeois. Les canapés sont moelleux, et les œuvres du legs accrochées ou disposées avec soin. Ici un tableau cubiste, là, un portrait de la période rose, une céramique ou une sculpture.

La première question qui vient à l'esprit lorsqu'on se trouve face à une héritière d'une lignée aussi prestigieuse est évidemment de savoir si le nom de Picasso est facile à porter. La réponse fuse : « Non, c'était un nom très difficile et très lourd à porter, parce qu'on me demandait toujours : "Qui êtes-vous par rapport au peintre Pablo Picasso ?" J'avais même perdu l'habitude de dire : "Je me prénomme Marina." Je disais : "Je suis la petite-fille du peintre." Maintenant, je réponds : "Je suis Marina… Marina Picasso." Je prends une certaine distance, mais avant, j'étais totalement écrasée quand on me posait cette question.

— En même temps, c'était une fierté de porter ce nom ?

— Là, vous employez un mot qui, même aujourd'hui, est encore difficile pour moi. Je n'ai jamais senti de la fierté à m'appeler Picasso. Et lorsque j'étais plus jeune, je ne comprenais pas pourquoi je ressentais ce malaise. Maintenant, je sais. L'histoire a été tellement lourde et douloureuse et a eu tellement de fins tragiques qu'on ne peut pas être fière d'une histoire aussi dramatique. »

Elle dit ne pas avoir été la seule de la famille à souffrir de la renommée internationale de l'auteur de *Guernica.* À sa manière, Picasso était un Minotaure qui a plus ou moins dévoré, symboliquement s'entend, ses enfants. À commencer par son fils Paul, le père de Marina, un laissé-pour-compte. Elle s'en explique : « Je n'avais pas réellement un père, j'avais un grand-père, omnipuissant. Ça me faisait de la peine de voir mon père dans cet état-là. Parce que lorsqu'il n'était pas reçu par Picasso, il faisait un peu la tournée des bars, et quand il arrivait à nous et à son père, il avait déjà beaucoup bu. » Elle en voulait surtout à l'artiste de le *« martyriser »*. Certes elle insiste sur les guillemets, mais le mot est prononcé. Parmi des photos posées sur un guéridon, le grand-père apparaît en combinaison d'artiste, tout d'un bloc d'autorité, l'œil roublard, à côté du fils en costume cravate, cigarette au bec, cherchant la pose, pas vraiment à l'aise bien que faisant une tête de plus. Aucune filiation ne paraît les unir.

« Comment se sont passées vos années d'enfance et d'adolescence ?

— J'ai eu une enfance assez misérable avec très, très peu de moyens. On avait vraiment le strict minimum. Mon père ne travaillait pas, ma mère non plus. Et puis on dépendait de mon grand-père, les arrivées d'argent n'étaient pas régulières. J'avais l'impression – c'était même une réalité – que tout dépendait de lui. Tout passait par lui. Le critère de référence, c'était mon grand-père. »

Pablo Picasso meurt à 91 ans. L'annonce de sa disparition est, au-delà des amateurs d'art, un événement mondial et un choc pour la descendance. En particulier pour Marina, monitrice pour « inadaptés », et son frère, Pablito, télégraphiste à la poste de Golfe-Juan, privés de voir leur grand-père. Ils ne comprennent pas pourquoi les sept dernières années de la vie de ce dernier, ils ont tous deux été tenus éloignés de lui, ni la raison pour laquelle on leur a refusé l'intimité des obsèques. Le jour même, Pablito, âgé de 25 ans, avale un berlingot d'eau de Javel pour mettre fin à ses jours. Il en meurt trois mois plus tard, un traumatisme dont Marina aura du mal à se remettre.

« Les années passant, le recul aidant, avez-vous une explication au suicide de votre frère ?

— Ça paraît étrange, analyse-t-elle. On aurait pu penser que le grand-père disparu, la vie allait peut-être changer. Non, je crois qu'il en avait assez. Quand mon grand-père est mort, mon frère a voulu lui rendre visite à Notre-Dame-de-Vie à Mougins. À l'époque, sa dernière épouse nous a interdit de venir lui dire au revoir. Mon frère est allé se présenter à la propriété. Deux fois, on ne l'a pas laissé entrer, la troisième fois, il a voulu forcer la porte et on lui a jeté les chiens dessus – des lévriers afghans – pour qu'il s'en aille. Il est rentré à la maison et il s'est suicidé. Ce n'est pas l'unique raison, mais il n'avait pas envie d'être humilié comme notre père, il a pensé que notre vie allait continuer à être difficile, qu'on ne s'en sortirait pas et qu'il n'y avait pas d'existence possible.

— Pablo Picasso avait dit qu'après sa mort, ce serait un désastre et un naufrage.

— Il n'avait pas tellement tort. Beaucoup de personnes sont mortes après lui : mon frère, mon père, un an et demi après. Marie-Thérèse Walter, l'une de ses anciennes maîtresses, s'est pendue. Sa dernière épouse, Jacqueline Picasso, s'est tiré une balle dans la tête. Donc oui, il ne s'est pas trompé. »

Parmi ses femmes, maîtresses et amantes, Dora Maar, immortalisée par le peintre, meurt dans la misère, seule au milieu de ses toiles qu'elle refusait de vendre. Françoise Gilot est, quant à elle, l'unique compagne à avoir quitté le grand homme ; pratiquement un fait d'armes qu'elle expliquait par sa volonté de se protéger. Du matin au soir et du soir au matin, elle ne pouvait jamais baisser la garde. « Sans ça, il en profitait pour vous exécuter », disait-elle de son vivant. Ensemble, ils ont eu deux enfants, Claude et Paloma. Jacqueline lui succédera dans le cœur du peintre.

Se peut-il que Picasso ait été un monstre pour son entourage ou bien que son cercle rapproché se soit senti perdu et abandonné sitôt qu'accaparé par son art il s'éloignait d'eux ? Marina n'est pas loin de le penser quand je lui demande les raisons pour lesquelles il y a eu autant de malheur autour de lui. « C'était un génie, comme on le définit. Il a donné toute sa vie à son art. Il s'est servi d'ingrédients pour vivre, comme les femmes, ses enfants et peut-être même ses petits-enfants. Et puis quand il n'en avait plus besoin, il jetait tout et il continuait son chemin. Je crois que ce n'est pas plus compliqué que ça. »

De sa mère, l'épouse de Paul, donc, elle parle peu, n'ayant pas entretenu avec cette dernière une très bonne relation. Marina lui reproche d'avoir vécu « sous la domination de Pablo Picasso ». Elle mentionne d'ailleurs le nom du grand-père comme s'il lui était étranger. Ce ne sera pas la seule fois. Elle aurait tant voulu qu'entre eux se noue un lien affectif privilégié. Mais était-ce sa faute à lui si, de par son rayonnement artistique, il exerçait une fascination sur ceux qu'il côtoyait ? Je hasarde la question de savoir si sa mère en était amoureuse. « Je me suis posé la question », admet Marina. Sans vouloir « tomber dans les choses déséquilibrées », elle assure qu'« en tout cas », le personnage la subjuguait. « Mais, à ce moment-là, elle n'aurait pas dû épouser le fils. Il aurait fallu faire comme les compagnes de mon grand-père et épouser, s'il avait voulu d'elle, Pablo Picasso. »

La propension de la mère à s'alcooliser s'est singulièrement aggravée avec le suicide de son fils Pablito. « Alors là, elle a carrément coulé. » Marina Picasso en a souffert, ayant été la première victime de cette descente aux enfers. « Quand mon frère est mort, elle n'arrivait même plus à supporter ma présence, un petit peu comme si elle me rendait responsable de la disparition de mon frère. C'est atroce. L'alcool aidant, par moments, elle disait qu'elle préférait les garçons et qu'elle aurait peut-être préféré que ce soit, pas lui qui parte, mais moi. »

La malice faite homme, Pablo Picasso, quant à lui, était convaincu qu'il ne fallait « jamais faire de testament ». Il disait, sardonique, à qui voulait l'entendre et sur le ton de la prophétie : « Tes enfants se disputeront. Ton nom sera prononcé. Comme ça, tu ne mourras jamais. » L'artiste a tenu parole. Le cercueil refermé, les héritiers se sont disputés. La succession, de plusieurs dizaines de milliards d'euros, a duré six ans. Parole de notaire, parole d'expert : c'était « l'affaire du siècle ». Marina avait 22 ans quand une manne d'œuvres d'art à la cote ascendante lui est tombée du ciel. Et pourtant, elle garde de cet héritage le souvenir d'un moment « douloureux » à porter.

« On pourrait penser que lorsqu'on devient héritier, c'est formidable tout d'un coup, on va devenir riche et tout va changer. Malheureusement, ça ne se passe pas comme ça dans la vie. D'abord, je suis devenue héritière parce que mon père est mort très vite. Je ne voulais pas du tout entendre parler de ma fortune, ni des œuvres. J'ai mis vraiment de longues années pour mettre des tableaux aux murs.

— Qu'avez-vous fait de l'héritage ?

— Déjà, j'ai acheté une maison, mais je n'ai pas accroché de toiles. J'ai laissé tout ça dans les coffres. Sans les regarder. J'avais l'impression que Pablo Picasso était présent dans l'œuvre… Ou alors, il aurait fallu renoncer à tout, l'héritage, le nom, l'histoire, le passé, c'est quand même difficile.

— Vous y avez pensé ?

— Je n'en voulais pas. J'ai subi l'héritage. Lorsqu'on hérite, il faut qu'il y ait un lien d'amour et comme j'ai eu un héritage sans amour, j'ai eu un héritage *orphelin*. Ça n'avait pas de sens. Donc, je n'ai pas pensé à le prendre ou à ne pas le prendre, c'était un héritage bizarre. Il n'y avait rien autour. »

La valeur du patrimoine représente des sommes colossales. Mais pour Marina Picasso, c'est comme si elle avait gagné au loto, quelque chose lui demeure extérieur. Faute d'avoir entretenu une complicité avec l'artiste. Pour avoir aussi été écrasée par la place qu'il occupe dans l'art du XXe siècle, elle a des mots sans appel : « Quelque part, j'ai voulu résister à mon grand-père. Pablo Picasso n'a pas réussi à me faire mourir. Il ne m'a pas détruite. Il m'a abîmée, mais je me suis construite. » Elle prononce ces paroles avec calme comme elle le fera tout au long de notre rencontre. En cherchant toujours le mot juste, dénué de fioritures. Elle déteste le mensonge et les petits arrangements avec la vérité des sentiments.

Le pactole reçu en héritage ne lui a toutefois pas tourné la tête, bien qu'elle juge que ce ne soit « pas évident » de « passer de la misère à la fortune ». « J'aurais pu perdre mon équilibre psychique ou avoir des addictions à l'alcool ou à autre chose ; au contraire, j'ai fait un travail thérapeutique sur moi-même. » Quatorze ans de psychanalyse lui ont évité de « prendre le chemin » qu'avait suivi son frère. Ce qui l'a sauvée plus que tout, cependant, c'est la famille, celle qu'elle s'est construite. Cinq enfants, dont trois adoptés au Vietnam, qui portent tous le nom de Picasso. Elle éprouve pour ce pays un attachement si fort qu'elle y a ouvert, par le biais de sa fondation, un « village de la jeunesse » pour venir en aide aux enfants déshérités, désormais scolarisés.

Quand je l'écoute, je ne peux m'empêcher de penser à ce pied de nez du destin qui fait de cet « héritage orphelin » le bonheur d'enfants abandonnés.

À Nice, Marina Picasso a financé la maison des adolescents installée en centre-ville, destinée à l'écoute des jeunes en difficulté, et elle a offert du matériel de haute technologie pour le service pédiatrique de l'hôpital. Sans en tirer de vanité particulière. N'ayant « pas de problème avec l'argent », elle est satisfaite de « redistribuer » une partie de l'héritage. Les actions humanitaires lui font « du bien ». « C'est une sorte de pansement, dit-elle. Ça m'a permis de cicatriser beaucoup de manques, de carences et d'équilibrer ma vie, sans culpabilité. » Ses enfants ne sont pas en reste. À sa fille Flore, passionnée de cheval, elle a offert un centre équestre sur la Côte où se déroulent des compétitions internationales. Aux autres, elle a acheté un appartement à Genève, donnant sur le lac Léman, juste en dessous du sien qu'elle a fini par agrémenter d'œuvres de son grand-père. Mais pas uniquement. Un Picasso vendu ou échangé lui permet de varier sa collection. C'est là que nous avons poursuivi notre échange, après avoir rencontré les enfants, de jeunes adultes déjà. Tout était évident et simple. Marina Picasso déborde d'empathie et d'attentions.

« J'aurais pu avoir d'autres enfants, dit-elle, mais comme j'avais eu une séparation très douloureuse et que j'avais, là pour le coup, perdu confiance en l'autre » – en l'occurrence le père des deux premiers –, elle a préféré se tourner vers ceux qui n'avaient pas de famille. « J'avais très peur d'être encore une fois abandonnée. » L'existence est loin de l'avoir comblée. On sent là une femme blessée. « Je dois avouer que dans ma relation avec les hommes, puisqu'il y a eu mon grand-père, mon père, mon frère, il y a une sorte de malédiction. Ça s'est toujours très, très mal passé.

— Vous n'avez pas eu une vie de femme heureuse, épanouie, amoureuse ?

— J'ai une vie personnelle de femme très, très difficile, avec beaucoup d'échecs. Et ça, je pense que c'est vraiment dû au nom. Chaque fois qu'un homme s'est approché de moi, je crois que, malheureusement, il me voyait comme la petite-fille de Pablo Picasso, mais pas pour ce que j'étais. Et ça, je dois dire que c'est un bilan… triste, mais c'est ainsi. » Certains lui ont même fait grief de porter ce nom, d'avoir cette fortune. « C'était mal vécu, dit-elle. Du coup, je suis assez indépendante, ce qui m'a été reproché, mais comment faire autrement si vous n'avez jamais été soutenue ? Je n'ai même pas le souvenir enfant d'avoir donné ma petite main à un homme, ni à mon père, ni à mon grand-père… peut-être à mon frère. Et elle ajoute : C'est quand même assez difficile d'avoir traversé la vie sans avoir pu donner la main. »

MARINA VLADY ET FRANÇOISE FABIAN

« Amoureuses féministes »

Elles ont tissé un lien fort en de douloureuses circonstances puis elles se sont perdues de vue. Mais elles s'apprécient énormément. Et je les trouve toutes deux fascinantes, d'où mon envie de les réunir le temps d'une émission, en avril 2011. L'une, à la beauté slave, est aussi blonde et extravertie que l'autre, à la beauté latine, est brune et réservée. Sur papier glacé, en apparence, tout les distingue. Pourtant, elles ont en commun d'être deux actrices à la vie privée et à la carrière intimement liées, et de s'être engagées, entre autres, pour la cause des femmes.

Adolescente, Marina Vlady joue dans plusieurs films de Robert Hossein qu'elle épouse à 17 ans. Le succès lui sourit au début des années 1960, grâce à l'adaptation cinématographique de *La Princesse de Clèves*, un film de Jean Delannoy tiré du roman de Madame de La Fayette. En 1963, elle reçoit le prix d'interprétation féminine du Festival de Cannes pour *Le Lit conjugal* de Marco Ferreri.

Françoise Fabian, mariée en premières noces au cinéaste Jacques Becker, de vingt-sept ans son aîné, tourne avec les plus grands réalisateurs. Éric Rohmer la « révèle » dans *Ma nuit chez Maud* en 1969. Au théâtre, elle interprète, entre autres, une remarquable Agrippine dans *Britannicus* de Racine.

Indépendamment de leur carrière, plusieurs choses les lient. « Oui, ponctue Françoise Fabian. Nous sommes du même signe astrologique déjà, du taureau. » Elles sont nées le même jour, mais pas la même année. « Tu as cinq ans de moins que moi », observe Françoise Fabian. « Oui, 73 », note sans chichi Marina Vlady.

Toutes deux, en vraies amoureuses s'il en est, ont vécu de longues passions. Françoise Fabian opine et précise : « C'est pour ça qu'on ne m'a pas beaucoup approchée, les hommes avaient peur que ça aille trop loin. » Marina Vlady renchérit : « Le fait d'être une star de cinéma éloigne un peu les gens. La plupart des hommes ne s'approchent pas trop. »

Née à Clichy de parents russes immigrés – le père était chanteur d'opéra, la mère danseuse étoile –, Marina de Poliakoff-Baïdaroff, son nom de baptême, est typiquement une enfant de la balle. « À 15 ans, j'étais une femme qui avait fait déjà une trentaine de films. J'étais une actrice lancée donc je n'étais pas une petite fille. » Elle gagne de l'argent, achète une maison dans laquelle elle vit toujours, mais ne se noie pas dans le « tourbillon extraordinaire » qu'elle connaît. « J'avais la discipline, explique-t-elle. D'abord, j'ai fait de la danse pendant quatre ans à l'Opéra. Et puis j'avais la discipline de la famille où il fallait toujours être impeccable dans son travail.

— C'est fou d'avoir commencé si tôt », s'extasie Françoise Fabian, pourtant connue pour son ardeur à l'ouvrage. Moins saltimbanque que sa cadette, son parcours est plus traditionnel. Elle fait des études, apprend le piano, passe des concours et des examens.

« Je faisais partie d'une chorale aussi parce que ma mère pensait qu'il fallait travailler et que de ne pas travailler vous donnait des mauvaises pensées. Alors j'ai appris à coudre, j'ai appris à faire des reprises, j'ai appris à tricoter, enfin j'ai travaillé énormément. »

Marina Vlady n'est encore qu'une enfant lorsqu'elle se produit en famille sur les tréteaux.

« Je faisais partie du petit concert familial qu'on donnait tous les dimanches. On faisait une petite quête parce qu'il fallait gagner de l'argent. On était pauvres. Donc j'étais sur scène pour chanter, danser. Dès l'âge de 2 ans et demi pratiquement, on m'a poussée à aller travailler. J'aimais le spectacle, j'aimais la scène bien sûr. » Son naturel et sa joliesse captent l'attention. Le cinéma l'appelle bientôt en Italie.

« À 13 ans, j'ai commencé à tourner frénétiquement. C'était très bien d'ailleurs. » Telle une héroïne de Tchekhov, Marina Vlady ne se plaint de rien, elle qui, à 14 ans, orpheline de père, adopte, en sa mémoire, le diminutif de son prénom Vladimir.

Les débuts de Françoise Fabian, de son vrai nom Michèle Cortès, née à Alger, alors un département français, d'un père catalan et d'une mère russo-polonaise, relèvent d'un registre beaucoup plus classique. Alors qu'elle est au conservatoire de Paris, un théâtre privé l'engage. Il lui faut changer de nom.

Quelqu'un de sa famille s'appelant Fabian, elle le retient et y adjoint le prénom Françoise, pour l'euphonie. Aux cours de théâtre, elle côtoie des élèves qui s'appellent Jean-Paul Belmondo, Jean-Pierre Marielle, Jean Rochefort, Guy Bedos, Annie Girardot. « Je faisais partie de la bande des garçons. Je les admirais. Je n'ai pas eu de flirt avec eux. Ils étaient tous en main. Seul Jean-Paul naviguait un peu partout. Mais, entre nous, c'était fraternel », relate-t-elle avec amusement.

Marina Vlady l'interrompt : « Mon très beau souvenir de cinéma, c'est Orson Welles. » Le réalisateur américain de *Citizen Kane* la fait jouer dans *Falstaff* en 1965. « Je travaillais pour lui, avec lui. C'était un énorme personnage. » Comprenez un ogre. Il en avait la force, le bouillonnement, la puissance qu'elle façonne de grands gestes déliés. Je lui rappelle que dans ses mémoires, elle raconte qu'un soir, après le tournage, le cinéaste était venu toquer à sa porte. « Comme il buvait énormément, il frappait à toutes les portes, minimise-t-elle.

— Votre carrière est passée avant votre vie de femme ?

— Ah non ! au contraire. Moi, j'ai abandonné ma carrière plusieurs fois. D'abord pour Robert Hossein. J'étais son chauffeur, sa blanchisseuse, sa cuisinière, tout. J'ai toujours été une femme qui s'occupait beaucoup de ses hommes. » Pour lui, elle, la vedette montante du septième art, a tout sacrifié. Un temps. Au bout de cinq ans, le couple se sépare. Mais, jusqu'à la disparition du metteur en scène de théâtre à grand spectacle en décembre 2020, ils sont restés « très copains ». « J'ai toujours choisi ma vie de femme et ma vie de mère. Quand je me suis mariée avec Vladimir Vyssotski, j'ai quitté la France pendant douze ans. Je suis revenue juste pour faire un film de temps en temps. » Puis définitivement en 1980, après la mort à 42 ans du poète et chanteur russe. « J'ai vécu une vie de femme passionnante, après j'ai rencontré Léon… »

Marina Vlady allait prononcer son nom, mais par une étrange résonance des tréfonds, Françoise Fabian ne lui en laisse pas le temps. « Léon Schwartzenberg, précise cette dernière, était un homme extraordinairement admirable. » Cancérologue à l'institut Gustave-Roussy de Villejuif, hostile à l'acharnement thérapeutique, le professeur Schwartzenberg a suivi son mari, l'acteur Marcel Bozzuffi, lorsque celui-ci était gravement malade. « C'était un des êtres les plus humains, les plus sincères et les plus honnêtes que j'ai rencontrés. Pendant deux ans, il a soigné Bozzu. Et pendant deux ans, je l'ai vu *tous les jours*. Quelquefois, il venait lui rendre visite le soir après Villejuif. Je les laissais un petit peu tous les deux pour bavarder. J'allais fumer une cigarette dans la cour. » Françoise Fabian raconte qu'un soir, alors qu'elle allait s'inviter dans leur tête-à-tête, elle les avait découverts dormant côte à côte du sommeil du juste. « Léon avait mis la tête sur l'oreiller de Bozzu. Et puis ils s'étaient endormis tous les deux. »

À cette confession, Marina Vlady rit d'un bon rire franc, frais, ému. Françoise Fabian affirme qu'ils se sont « vraiment liés » et qu'ils « se sont aimés ».

« Oui, ils se sont aimés », lance Marina Vlady qui rapporte qu'un jour son mari Léon Schwartzenberg lui a apporté le livre que Marcel Bozzuffi avait publié peu avant sa mort et qu'en le lui montrant, il a déclaré, admiratif : « Il a quand même réussi à écrire. » La gorge serrée, elle retient une larme.

Léon Schwartzenberg a soigné le mari de Françoise Fabian mort en 1988, avant de succomber lui aussi à un cancer, durant lequel Marina Vlady l'a accompagné pendant des années. « C'est une maladie qui demande beaucoup d'assistance et d'amour, dit-elle.

— Oui, souligne Françoise Fabian, mais quand tu vis avec un malade, tu ne peux pas t'attendrir. Il faut faire semblant, comme si de rien n'était. Il faut tout cacher », à savoir la vérité sur la gravité de l'état de santé du patient.

— Moi, reprend Marina Vlady, je ne pouvais rien cacher parce que lui savait très bien où il en était. Il était contre le fait de cacher, d'ailleurs. Il était pour dire la vérité quand le malade en a envie, bien sûr. C'est aussi une expérience de la vie qui est magnifique.

— Très enrichissante, ajoute Françoise Fabian.

— Parce qu'on va au bout des choses, assure Marina Vlady.

— Marina, après la disparition de Léon Schwartzenberg en 2003, vous avez écrit dans un livre que vous aviez craqué complètement ?

— J'ai passé deux ans à m'assassiner littéralement à l'alcool. Je ne mangeais plus, je ne dormais plus, je buvais. J'étais un déchet. J'étais par terre, j'étais une personne à quatre pattes, et pas debout. Et j'ai écrit ce livre qui m'a aidée à m'en sortir. Et puis, le respect de soi-même revient à un moment donné ; ou alors il faut vraiment se suicider. Mais se dégrader comme ça, c'est affreux.

— Et vous, Françoise, comment avez-vous supporté la mort de Marcel Bozzuffi avec qui vous avez vécu vingt-deux ans ?

— J'ai sombré. Je ne me suis pas relevée d'ailleurs. Je ne ferai jamais le deuil. Jamais. C'est inscrit en moi. Je rêve de lui tout le temps. Il existe tout le temps pour moi. C'est comme ça. Mais je me suis sauvée en travaillant, en faisant du théâtre. » La journée, elle restait auprès de lui et le soir, soit elle jouait, soit elle allait répéter la pièce avec les autres acteurs jusqu'à trois heures du matin, seul moyen pour elle de dominer son angoisse.

« Mais le deuil, poursuit Marina Vlady, on ne le fait jamais complètement. Moi, je vis aussi avec la voix de Léon, sa manière de parler, de réciter des poésies. C'était un extraordinaire diseur.

— Vous n'avez jamais pensé à refaire votre vie ?

— Non, répond Françoise Fabian. Moi, j'adore et je désire quelqu'un qui n'existe plus. Mais je l'aime toujours et je le désire toujours. Je n'envisagerais absolument pas de pouvoir désirer quelqu'un d'autre, c'est quand même bizarre. C'est peut-être anormal, mais c'est comme ça. J'ai aimé ce mec, c'est incroyable ce que j'ai pu l'aimer. » Le mot « mec » provoque un léger sursaut de sa part, elle-même étonnée de ce lâcher-prise verbal qui traduit son attachement encore charnel.

Marina Vlady renchérit :

« Je crois que nous sommes très exclusives. Je n'ai jamais eu de double vie. » Qu'entre deux liaisons, elle ait eu « plein d'amants », elle assume. « Quand j'étais célibataire, je menais ma vie de femme, légère, comme ça, agréable. » Les histoires pouvaient être brèves, mais elle était d'une fidélité absolue.

« Oui, moi aussi », acquiesce Françoise Fabian.

Marina Vlady poursuit :

« On est très sensuelles, aussi. On aime manger, on aime la vie, on aime l'amour, on aime les enfants, on aime le métier qu'on fait. »

D'un maintien altier, la tête soutenue à l'équerre par une main, Françoise Fabian concède : « On aime les garçons aussi, voilà. » Et quêtant du regard l'approbation de sa camarade, elle ajoute : « On a eu pas mal de garçons dans notre vie.

— Absolument.

— On ne va pas les citer », ponctue Françoise Fabian.

Nous rions toutes les trois de bon cœur.

Marina Vlady déroule ses souvenirs avec Marcello Mastroianni et Marlon Brando. « Brando, je n'ai pas tourné avec lui, mais j'ai flirté très longtemps avec lui. J'étais une petite fille, j'avais 14 ans.

— Quel salaud, coupe Françoise Fabian.

— Mais je n'ai pas couché avec lui, précise Marina Vlady. C'était un flirt… *ma chérie*, lâche-t-elle à l'adresse de Françoise Fabian. J'étais très amoureuse de lui.

— Il y avait de quoi tomber amoureuse de Brando, rétorque Françoise Fabian.

— C'était un tel acteur, une telle beauté, un tel charme, reprend Marina Vlady. Il était adorable en plus. Ça s'est mal terminé, mais ça c'est une autre histoire. » Quant à Mastroianni, avec qui elle a tourné trois films dont le premier à 15 ans – lui en avait 20 –, c'était « un ami ».

« Un magnifique acteur et un adorable garçon », qu'elle admire pour la « simplicité » qui était la sienne, même au sommet de la gloire.

« Il était “tellement drôle” », ajoute Françoise Fabian, qui a tourné deux films avec lui et imite avec gourmandise l'accent italien de l'acteur fétiche de Federico Fellini.

Sur le bilan de carrière cinématographique qui les a conduites à accepter de jouer dans des films dont elles auraient pu faire l'économie, elles se montrent lucides et conviennent qu'il leur est arrivé de tourner pour un cachet, élever les enfants et quelquefois subvenir aux besoins du mari. Elles en ont tiré une leçon que résume Marina Vlady : « Une des premières choses qu'il faut inculquer aux jeunes femmes, c'est qu'elles doivent être indépendantes et gagner leur vie. »

À cet égard, Françoise Fabian ne regrette rien – « Ça ne sert à rien, d'ailleurs » – et pas même de s'être fourvoyée en acceptant certains rôles. « Sur le moment, je me disais : “Qu'est-ce que je fais là ?” » Elle raconte que sur un tournage en Italie, le metteur en scène lui avait demandé de jouer une scène qui ne figurait pas dans le scénario et qu'elle n'ose détailler. Elle avait refusé tout net. Le réalisateur avait alors dénigré les « actrices françaises », et là, elle avoue : « J'ai commencé à être mauvaise. Je lui ai dit : “Si c'était avec Ingmar Bergman, je le ferais, avec toi, je ne le ferai pas.” » En quoi consistait la scène ? « C'était barbare, vraiment. »

Marina Vlady, quant à elle, conserve « un petit regret », celui d'avoir décliné la proposition de jouer *Angélique, marquise des anges*, un rôle finalement confié à Michèle Mercier. Son partenaire devait être Robert Hossein. Comme elle venait de se séparer de lui, cela lui semblait « impossible ». « Pourtant, on me proposait des fortunes. Je serais restée riche toute ma vie, ce qui n'a pas été le cas. *Post factum*, je me suis dit quand même : "Est-ce que j'ai eu raison de refuser ça ?" Parce que ça a été un succès… !

— Vous avez, l'une et l'autre, dit avoir regretté de ne plus avoir de propositions de beaux rôles au cinéma.

— Jusqu'à 50 ans, répond Marina Vlady, j'ai joué les grands premiers rôles, donc déjà, il ne faut pas que je me plaigne parce que la plupart du temps, ça s'arrête beaucoup plus tôt. Mais, on n'écrit pas beaucoup pour les femmes mûres, pour ne pas dire les femmes vieilles. Les actrices alors « valsent » d'un réalisateur à l'autre, se retrouvant souvent en concurrence sur les *mêmes coups.* »

Cet aveu provoque l'étonnement de Françoise Fabian, ébahie d'avoir été préférée à son amie par François Ozon en 2004 pour son film *5×2*.

« Ah ! j'ignorais…, admet Françoise Fabian. Pourquoi tu ne l'as pas fait ?

— Parce que je ne lui ai pas plu. »

De là à se fâcher pour un rôle confié à l'une plutôt qu'à l'autre, sûrement pas. « Tout ça n'a pas beaucoup d'importance, convient Françoise Fabian. Maintenant, je peux jouer les mères, les grands-mères, les tantes et les reines. Mais ne parlons pas de vieillir », ajoute-t-elle, confessant vivre « plutôt bien » avec ses souvenirs. « C'est très précieux, dit-elle. Je suis faite du passé. Je suis faite de tous les gens que j'ai rencontrés. On a un sac sur le dos qui est bien chargé et on peut encore y trouver de l'énergie.

— Vous avez d'ailleurs écrit : "J'ai toujours pensé que le temps m'était compté."

— J'ai toujours pensé à la mort. Je suis athée. Je ne crois pas. Je vais disparaître. La vie m'a apporté des choses magnifiques, j'ai eu beaucoup de chance, je l'ai payé, c'est normal, et puis je vais mourir et je vais finir, comme ça, en poussière. Et c'est très bien ainsi », dit-elle, sereine.

Marina Vlady partage la même philosophie, et se dit « prête à mourir à chaque instant ». « Ça, c'est vraiment une de mes devises, développe-t-elle. J'ai même tout à fait l'intention de finir ma vie au moment où je le déciderai. Je n'ai pas l'intention de traîner avec une grosse maladie ou des gros handicaps. Mais bon, ça c'est un autre sujet. »

Rester maîtresse de son destin, « si on peut », module Françoise Fabian, elles sont d'accord sur ce point.

Toutes deux ont aussi en commun d'être des femmes engagées. Féministes de la première heure, elles signent en avril 1971, aux côtés de Simone de Beauvoir et Catherine Deneuve, le manifeste des 343 Françaises en faveur de l'avortement, que tous les rétrogrades qualifieront de « salopes ». Le texte « Je me suis fait avorter » paraît en une du *Nouvel Observateur*.

« C'était un mouvement formidable », s'enthousiasme Marina Vlady. Françoise Fabian précise qu'elle a, par ailleurs, participé l'année suivante au procès de Bobigny avec l'avocate Gisèle Halimi où cinq femmes étaient jugées pour avortement illégal. Peu après son élection à la présidence de la République en 1974, Valéry Giscard d'Estaing confie à Simone Veil le portefeuille de la Santé et la mission de défendre à l'Assemblée la loi portant son nom qui légalisera l'interruption volontaire de grossesse.

« On a oublié à quel point c'était terrible de se faire avorter illégalement, tempête Marina Vlady. Les femmes en mouraient. Ou en étaient blessées pour le restant de leur vie. Elles devenaient stériles, enfin, c'était épouvantable ce qu'il y a eu avant cette possibilité. » Face à la « reculade de la société, terrible », elle invite à ne pas baisser la garde, à « reprendre le combat » chaque fois que le droit des femmes est mis à mal. « On commence à renier la possibilité de se faire avorter à temps. Donc beaucoup de femmes sont obligées de partir à l'étranger », s'enflamme-t-elle.

« On a lutté pour avoir le choix de faire des enfants ou pas. Car c'était interdit par la loi et on risquait la prison », souligne Françoise Fabian, qui juge qu'il n'y a « pas assez d'information à ce sujet ». Des jeunes filles se laissent avoir, elles tombent enceintes et « en plus avec cette maladie horrible du sida, c'est dramatique », note-t-elle.

Ce militantisme leur vient de leur mère. « Pour la mienne, c'était légitime de choisir sa maternité », souligne Françoise Fabian. « Ma mère a eu quatre enfants, explique Marina Vlady, mais elle les a voulus. Moi j'ai eu trois enfants, je les ai voulus. La liberté de la femme, clame-t-elle, c'est très important. » Capital, même, pour ces deux femmes. Capital pour toutes les femmes.

BERNARD GIRAUDEAU

« Un autre voyage »

Il était l'un des « beaux mecs » du cinéma avec ses yeux d'un bleu limpide comme les mers et les océans qu'il avait traversés au cours de ses voyages, partagés en images ou en écriture. La lecture de ses livres m'avait permis de mieux le connaître.

Un soir, au journal de vingt heures, je l'entends annoncer que, depuis plusieurs années déjà, il se bat contre le cancer qu'il « essaie d'apprivoiser ». Il en parle publiquement pour la première fois avec calme, sans pathos, avec le désir d'aider à lever les tabous qui entourent encore cette maladie. Mais le temps de l'échange est court dans ce contexte. Je décide de l'inviter pour un long tête-à-tête en juin 2007 qu'il accepte immédiatement et qui m'a profondément marquée, comme celui qu'il m'accordera en avril 2010, trois mois avant sa mort.

Bernard Giraudeau est assis en face de moi. Le verbe est plutôt poétique, pas celui de l'aventurier né à La Rochelle, qu'il avait été adolescent. Quand il sourit, un large sillon se forme à la commissure des lèvres, comme une parenthèse.

« La maladie, le cancer, vous a transformé ?

— Oui. On pourrait même dire que certains jours, même assez souvent, je remercie que ça me soit arrivé comme ça, en tout cas. Je ne sais pas si, à un moment donné... ce n'est pas la mort qui vient vous chercher –, si ce n'est pas plutôt la vie qui se révolte.

— C'est-à-dire ?

— À un moment donné, la vie en a eu marre... que je la cherche. Elle a eu envie que je m'occupe d'elle un peu... Donc un petit peu de moi quelque part, dit-il presque gêné de cet aveu.

— Vous pensez que vous ne vous êtes pas occupé de vous pendant toutes ces années ?

— C'est-à-dire qu'en développant un ego démesuré dans ce métier, en étant absolument attentif au paraître, c'est-à-dire en ne vivant que dans le regard de l'autre, on finit par oublier qui on est, par ne plus savoir tout à fait être soi. On joue un rôle en permanence. C'est très difficile d'arrêter.

— Vous avez vraiment ce sentiment-là d'avoir joué un rôle pendant des années ?

— Oui, avec des fragments de sincérité, comme on a des fragments d'amour, des fragments de bonheur...

— Maintenant, le masque est tombé.

— Je ne sais pas, j'essaie, en tout cas, qu'il soit bien tombé. » Il cherche le mot juste, exact. Être au plus près de ce qu'il ressent, sans artifice ni tricherie. Il a toujours voulu « se griser, s'enivrer, fuir », comme « l'impression d'avoir été dans une centrifugeuse sans pouvoir en sortir ». À un moment donné les choses ont explosé. « Le corps a dit stop. »

Et l'annonce de la maladie n'a pas été une surprise. Cela lui est apparu presque normal.

« Vous avez toujours voulu fuir le quotidien, la monotonie ?

— Oui. J'ai toujours dit non. Tout le temps, tout le temps, tout le temps. Peut-être avec une obsession un peu exagérée, probablement. Parce que ça m'a amené à cette frénésie de vouloir trouver la perfection. Que je ne trouvais pas… À moins d'être Dieu.

— Très jeune, vous vous êtes engagé sur le bateau la *Jeanne d'Arc*.

— J'avais envie de voyager parce que je voyais arriver les cargos de l'autre côté de l'horizon, j'avais des parfums nouveaux, il y avait des langues que j'entendais. Et tout ça repartait et probablement mon imaginaire avec. Donc, un jour ou l'autre, j'ai dit : "Non, il doit y avoir quelque chose derrière l'horizon de tout à fait extraordinaire, de tout à fait merveilleux." C'est comme certains montagnards qui grimpent les montagnes et se disent : "C'est peut-être mieux derrière l'autre colline et puis derrière l'autre colline encore." » Le bras droit dessine un ample mouvement rotatif, toujours recommencé. « Et j'ai eu ça toute ma vie, poursuit-il, ce qui a été un drame, effectivement. J'ai toujours cru que c'était mieux là-bas. Parce que je n'ai jamais su regarder ce qu'il y avait à côté. »

Bernard Giraudeau a pris le large, très jeune, pour échapper à la vie que lui proposait le lycée technique à la sortie. L'avenir promis ne lui paraissait guère mirobolant. Il lui a fallu travailler. Il a connu l'usine. « Je n'avais pas du tout envie de ça, donc je suis parti dans cette marine. Mais ce qui m'a évidemment passionné, c'est la vie des hommes. Moi j'étais un adolescent, j'avais à peine commencé mon adolescence, j'avais 14 ans, je n'étais pas très en avance en plus, eh oui ! comme garçon, je n'avais pas connu de dames encore. J'étais vierge… Enfin, je veux dire vierge de tout. Je me suis retrouvé sur ce bateau avec des hommes. Et puis me retrouver le plus jeune matelot de la marine française…

— Vous avez aimé cette vie ?

— J'ai trouvé ça assez fascinant. Quelquefois détestable mais tout à fait fascinant. J'avais une chance, là encore, j'ai pu choisir mon bateau puisque j'étais sorti premier de l'école de marine. J'ai choisi la *Jeanne d'Arc* parce qu'elle faisait le tour du monde. Donc, j'ai fait deux fois le tour du monde avant 19 ans.

— Vous dites qu'un marin dans un port a deux objectifs : trouver une femme et le quartier des bars.

— C'était l'objectif des marins. J'étais très jeune alors. J'ai effectivement eu cet objectif, mais j'en avais un troisième qui était quand même de me sortir de là. Je m'étais engagé dans la marine pour quitter un ordinaire, des choses, un quotidien un peu médiocre. Je n'allais pas retomber dans une convention de vie maritime qui était celle des bordels et des bistros. Je l'ai fait, ça oui, c'était incontournable, mais en même temps, j'ai pris des chemins de traverse et je suis allé rendre visite à d'autres dames, ailleurs, à des territoires du bout du monde que les autres marins ne fréquentaient pas.

— Dans le fond, c'était un univers trop fermé ?

— D'abord, il était trop fermé donc je ne pouvais pas y rester. C'est un univers d'hommes qui a extrêmement bouleversé mon adolescence, qui en a même *cassé* une partie parce que cette vie de marin n'a pas toujours été tendre et parce qu'elle a détruit aussi des rêves, des espoirs. Elle a même aidé à ce que l'amour intense soit assassiné. On ne croyait plus à l'amour. On allait baiser donc on n'allait pas faire l'amour. Les filles étaient regardées plutôt comme un passe-temps.

— Et l'univers à bord était violent ?

— Oui, parce que moi, on a essayé de me pendre quand même ! à un moment donné. On a essayé de me flinguer aussi, mais par bêtise, par ivrognerie.

— Vous avez subi des violences sexuelles ?

— Non. Certains en ont subi bien sûr. Oui, il y en a eu. Mais moi non, je ne me suis pas retrouvé le petit mousse du bord, girond à qui on… » La phrase inachevée laisse tout imaginer. « Bien sûr, reprend-il, il y a eu des marins qui étaient amoureux de moi, qui m'écrivaient des lettres, qui me faisaient des cadeaux. C'est comme ça. Voilà ! Je n'étais pas amoureux des hommes et j'aimais les femmes. J'ai toujours aimé les dames. Si j'avais dû à ce moment-là prendre ce tournant-là, je l'aurais pris.

— Vous écrivez que la connaissance du continent féminin, c'est aussi un voyage…

— Oui, que je n'ai peut-être pas toujours réussi…, dit-il en m'interrompant d'un éclat de rire communicatif.

— Et que les amours de ports étaient des “noyades en secousses”.

— C'est très signifiant pour un jeune homme de 17, 18 ans de se retrouver dans ces noyades-là et de s'en sortir, pas toujours bien. Est-ce qu'on est en train d'assassiner l'amour ou pas ? Parce que je savais que ce n'était pas ça, ce que je pouvais croire de l'amour. Donc, je suis parti et là j'ai commencé à avoir une période un peu… délicate, dans l'alcool, dans pas mal de trucs. Et c'est le théâtre qui m'a recadré. Parce que là, il y a une discipline quand même extraordinaire. Que ce soit dans le chant, dans la danse. J'ai fait beaucoup de danse à ce moment-là.

— Et vous vous êtes toujours sauvé ?

— Oui… Mais il y a une dame à chaque fois. Une dame qui était la Jeanne d'Arc, et certaines dames de rencontre. Et puis après, des dames, sur le parcours, oui. »

Il y a aussi *Les Dames de nage*, le titre de son roman dans lequel Bernard Giraudeau relate des voyages et des amours sans lendemain dans les ports, perdues et éperdues. Dans le milieu nautique, les « dames de nage » sont d'un autre ordre. Elles désignent les deux petites fourches fixées sur les plats-bords d'une barcasse, conçues pour y ficher les rames afin d'avironner. Certaines embarcations les portent à l'arrière, permettant ainsi au marin d'avancer en godille, dos à l'objectif. Une image symbolique de son parcours.

Consciente qu'il a toujours été en quête de perfection dans la vie, je lui demande s'il a également été à la recherche de la femme idéale.

« Je pense que c'est ça le souci de l'homme, c'est cette femme idéale qui dort sous ses paupières et, quand il ouvre les yeux, il n'a jamais celle évidemment qu'il a visualisée ou qu'il a rêvée. Si on regarde mieux, avec plus d'attention, avec plus d'amour surtout, avec plus de lumière dans son propre regard, bien sûr qu'elle est là.

— Vous avez donc rencontré l'amour ?

— Bien sûr j'ai rencontré l'amour. J'ai rencontré des femmes que j'ai aimées. Mais je cherche toujours à savoir ce qu'*il* est vraiment. À part l'amour avec un « A », immense, qui est celui de l'amour absolu, je ne sais pas trop. On est tous en train de le chercher. C'est une même quête plus ou moins effrénée.

— Jamais vous n'avez été un mari, dans le fond ?

— Mari ? Non. Je n'ai jamais été un mari. J'ai été un compagnon, oui. Je pense que j'ai été un compagnon difficile, puisque je n'étais pas bien dans mes baskets, comme on dit. J'avais une grande inaptitude au bonheur, malgré la quête effrénée que je poursuivais. Mais par impuissance, tout ça. Si on arrive à trouver le calme, la sagesse et à savoir où se trouve l'essentiel…

— On a le sentiment à vous écouter que vous avez toujours recherché un cadre.

— Très vite, j'ai eu besoin de ça. Parce que j'étais un enfant, puis un adolescent, puis un homme qui a toujours *débordé* dans l'extrême. Que ce soit dans les jeux dangereux, dans les sports… Jusqu'à l'inconscience et la bêtise, dirais-je, donc il fallait à un moment donné me retrouver dans une structure. »

Bernard Giraudeau a bourlingué. Dans une vie de hasard, faite de rencontres invraisemblables, il a côtoyé pas mal de personnages au bord de l'abîme « pour acquérir une connaissance autre ». De ses expériences, son regard sur le monde s'en trouve « modifié ». Comme l'est la perception qu'on peut avoir de lui à le lire. Et si au fond le plus important, à ses yeux, avait été d'apprendre « à connaître la femme » ?

« Je me pose toujours la question aujourd'hui, me répond-il. Il me semble que c'est un échec. Il faut accepter aussi. Les échecs endurcissent et le succès fragilise, alors voilà. Donc, il vaut mieux un échec.

— Le couple, sur le long terme, c'est impossible ?

— Ah non ! ne commencez pas là-dessus, rétorque-t-il en riant. Je n'ai pas de réponse. Moi je vois des couples merveilleux qui tiennent depuis des dizaines d'années, et je trouve que c'est magnifique. C'est tout à fait extraordinaire. C'est une paix. C'est une grande paix. Quoi d'autre, dans la vie, que la paix… et l'amour ? Quoi d'autre ?

— Vous parlez rarement de la paternité.

— J'ai l'impression que les choses se sont passées au mieux, par rapport aux difficultés que je pouvais amener, moi. Parce que je n'étais pas facile à vivre. Est-ce que j'ai été un bon père ? Je n'en sais rien. En tout cas, aujourd'hui je tente de l'être et je tente d'être un père vraiment amoureux de ses enfants, de sa fille et de son fils.

— Dans vos livres, revient souvent la figure du père absent. Le vôtre était militaire de carrière. Vous ne vous êtes presque jamais parlé.

— Pas beaucoup, non. Et à la fin de sa vie, un peu plus mais c'était trop tard. Parce qu'il est parti très vite. J'aurais voulu connaître ses souffrances, parce que je sais qu'il en avait. Il se cachait pour pleurer. J'aurais voulu en savoir beaucoup plus sur sa vie, son enfance aussi. Et comprendre pourquoi il disait avoir raté sa vie. Est-ce qu'il s'en est allé déçu ? Je regrette de ne pas avoir eu plus de temps parce que, attention, ce n'est pas simplement lui qui ne parlait pas, moi non plus, je n'étais pas suffisamment à l'écoute.

— Déçu, c'est tout ce que vous ne voulez pas être ?

— Je n'ai pas de déception. Même si mon parcours a été extrêmement tourmenté, je ne regrette absolument rien. Il était nécessaire pour en arriver là. Je ne suis pas Bouddha. J'essaie de vivre au mieux les moments qui me sont proposés, jusqu'au bout.

— Pourquoi avez-vous eu envie de parler de votre maladie, Bernard ?

— C'est assez simple. Je me dis : "Qu'est-ce que je peux faire, aujourd'hui avec ma position, les rencontres que je peux faire, l'argent que j'ai pu gagner dans ma vie d'acteur ? Qu'est-ce que je peux faire moi pour aider d'autres à se prendre en charge, à essayer de se comprendre et à essayer d'aller mieux ?" Donc, je fais ce que je peux. »

Trois ans plus tard, en avril 2010, très affaibli et d'un courage exemplaire, il reviendra à l'émission pour insister sur l'importance des groupes de parole et de la méditation, de cet univers qui doit être découvert en soi. Il avait aussi parlé de la nécessité d'apprendre à mourir comme on apprend à vivre. Pour soi, mais aussi pour ceux qui nous accompagnent.

« La mort, vous y pensez souvent ?

— Elle fait partie du quotidien. Je me refuse à en avoir peur, enfin… » Un bref haussement d'épaules le saisit, d'une sincérité désarmante. « Probablement que ce n'est pas si simple ce que je dis là, énonce-t-il. Ça paraît très souriant. Mais tant qu'il n'y a pas la souffrance... Tant qu'il n'y a pas la souffrance, les choses s'acceptent mieux. Sauf que je ne veux pas en être effrayé. Il n'y a pas de quoi en être effrayé puisque nous ne savons pas. La peur de l'inconnu, c'est la grande ignorance. Puisque je ne sais pas. Je ne vais pas avoir peur de ce que je ne sais pas.

— Vous n'êtes pas croyant.

— Si, je crois que je suis croyant en quelque chose de très particulier, de tout à fait inattendu... » Et dans un sourire presque céleste, il ajoute : « Un voyage, un autre voyage. Et j'espère qu'il est lumineux, c'est tout. »

Bernard Giraudeau évoque sa grand-mère qui lui disait enfant : « Le corps meurt, pas l'âme, pas l'esprit. L'âme est éternelle et se balade dans l'univers. »

« Tout ça, reprend-il, les bras croisés comme s'il était en position zen, c'est un voyage personnel, unique pour chacun, et donc une voie et une quête. Ce voyage dont je parlais, qui est un voyage vers l'intérieur, maintenant, un peu moins extérieur, est tout aussi passionnant, sinon plus. Enfin, on ne peut pas croire n'importe quoi. Alors, la vie n'aurait aucun *sens* ? Je n'arrive pas à croire que la vie ne puisse pas avoir un sens. On le trouve ce sens. Être, c'est déjà inouï. Mais peut-être que le voyage qui suit est encore plus inouï. »

Et puis, nous avons fait silence.

Remerciements chaleureux à toutes celles et ceux qui figurent dans ce livre et à leurs proches.

Remerciements particuliers à Denis Demonpion.

Et aussi à Gilbert Jouin, Sylvain Pestel, Arnaud Choupin, Christine Lamazière, Nathalie Courtois et l'équipe du cherche midi, ainsi qu'à France Télévisions.

TABLE DES MATIÈRES

MIXTE
Papier issu de sources responsables
FSC
www.fsc.org
FSC® C003309

L'éditeur de cet ouvrage s'engage dans une démarche
de certification FSC® qui contribue à la préservation
des forêts pour les générations futures.

Pour en savoir plus :
www.editis.com/engagement-rse/

Cet ouvrage a été achevé d'imprimer sur Roto-Page
par l'Imprimerie Floch à Mayenne en mars 2022
N° d'édition : 6843 -N° d'impression : 100134
Imprimé en France